三坊七巷

一片三坊七巷　半部中国近现代史

名人家风家训

◎三坊七巷名人家风家训馆 编

◎主编　连天雄

图书在版编目（CIP）数据

三坊七巷名人家风家训/三坊七巷名人家风家训馆编. --福州：福建人民出版社，2016.7（2021.10重印）

ISBN 978-7-211-07341-2

Ⅰ.①三… Ⅱ.①三… Ⅲ.①名人－家庭道德－福州市－通俗读物 Ⅳ.①B823.1-49

中国版本图书馆CIP数据核字（2016）第021581号

三坊七巷名人家风家训

SANFANGQIXIANG MINGREN JIAFENG JIAXUN

编　　者：三坊七巷名人家风家训馆
责任编辑：陈稚瑶　于荣生
出版发行：福建人民出版社　　电　　话：0591-87533169(发行部)
网　　址：http://www.fjpph.com　　电子邮箱：fjpph7211@126.com
地　　址：福州市东水路76号　　邮　　编：350001
经　　销：福建新华发行（集团）有限责任公司
印　　刷：福州德安彩色印刷有限公司
地　　址：福州市金山工业区浦上B区42幢　　邮　　编：350007
开　　本：787毫米×1092毫米　1/16
印　　张：11印张
字　　数：164千字
版　　次：2016年7月第1版　　2021年10月第4次印刷
书　　号：ISBN 978-7-211-07341-2
定　　价：38.00元

本书如有印装质量问题，影响阅读，请直接向承印厂调换。

编委会

主　　任：闻　进

编　　委：张学勇　谢谦华　徐金泰　刘建兴
　　　　　高　翔　赵　风　陈国花　林善元

编写组

主　　编：连天雄

撰　　稿：连天雄　肖　鹏　李厚威

◎ 林则徐父亲林宾日自绘《饲鹤图》

存心不善風水無益
不孝父母奉神無益
兄弟不和交友無益
行止不端讀書無益
心高氣傲博學無益
作事乖張聰明無益
不惜元氣服葯無益
時運不通妄求無益
妄取人財佈施無益
淫惡肆欲陰騭無益
道光庚子春日林則徐敬書

◎ 林则徐书“十无益”格言

◎ 光禄坊刘家大院大厅

一九八六年六月四日，有福建省长乐县横岭乡的三位乡亲：谢振瑜、谢尊仙、谢捷先，带着许多故乡的史迹相片和记录，专程来京，要我为即将修订的族谱作序。这使我感到光荣而又惭愧！我自幼离乡，对于乡土乡人极少接触。但我认为族谱是承上启下的家族历史，对家史的注重和关怀是爱祖国爱人民的起点！我祝愿谢氏男女子孙，继承我们农民祖先勤劳勇敢的劳作精神，加以发扬光大，精研各种科学技术，面向现代化，面向世界，面向未来，为我族的繁荣昌盛，为祖国的飞跃振兴，而尽上自己最大的力量！

谢冰心 一九八六年六月七日

◎ 谢冰心《谢氏家谱序》手迹

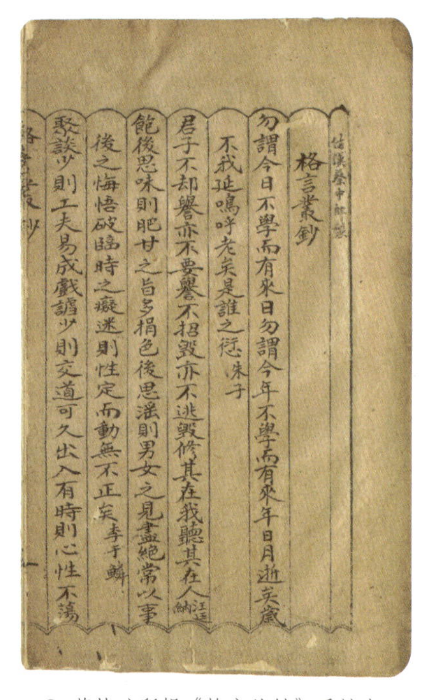
格言叢鈔

勿謂今日不學而有來日勿謂今年不學而有來年日月逝矣歲不我延嗚呼老矣是誰之愆 朱子

君子不卻譽亦不要譽不招毀亦不逃毀修其在我聽其在人 汪廷訥

飽後思味則肥甘之旨多損色後思淫則男女之見盡絕常以事後之悔悟破臨時之癡迷則性定而動無不正矣 李于鱗

聚談少則工夫易成戲謔少則交道可久出入有時則心性不蕩

◎ 董执谊所辑《格言丛钞》手抄本

◎ 南后街董家花厅所悬王阳明《客座私祝》楠木板条屏

◎ 文儒坊如意轩门联

◎ 衣锦坊欧阳氏民居雕花门扇

◎ 陈宝琛与子孙合影

◎ 严复家书

◎ 林纾与家人合影

◎ 林纾家书

◎ 光禄坊三坊七巷名人家风家训馆

序

◎ 卢美松

家训，顾名思义是家庭或家族的格言训词，其核心在于劝勉和教诫。在中国自给自足的经济传统和聚族而居的生活方式下，基层社会长期由家长或族长对血亲家庭与家族实施直接管治，其指导思想和范式依据，主要来自传统的儒学或理学。以此为基础，中国传统的社会结构中形成了近乎平行发展的两条脉络，即家庭、家族的血脉传承与人文精神的文脉延续。这一特点突出表现在书香门第或官宦家族之中，其颇具代表性的地区便是高门大户麇集的福州三坊七巷。

这一片社区，让人艳说的其实并非华堂丰居、富室豪宅，而是从众多门户中络绎走出的时代英华——清官循吏、鸿儒隽彦。他们在历史上的成就都不同凡响：或是经邦济世的才俊，或是著述等身的学士，或是震铄古今的英杰。追寻他们的成才经历，无一例外都曾受惠于传统文化的教化与培育，导引他们人生志向和思想行为的，也主要是我国绵延已久的传统价值观。这些传统文化和价值观都凝练萃集于各个时代的家训族规之中，这些训规就是中华文化的优秀精华。它是各个家族名贤哲士读书心得、社会阅历、人生经验的总结，是弥足珍贵的文化遗产和精神财富。

家风也叫门风，是指家庭或家族世代相袭的风气和习尚。我国传统的家庭和家族成员群聚生活，在贤明家长或族长的教诲引领下，形成共同遵行的良好风习，从其中总结并述诸文字的训诫与劝勉就是家训，见诸行履并世代相袭的美德与情操便成家风。古人倡导的士人修身和仕宦历程，归结为“正心，诚意，格物，致知，修身，齐家，治国，平天下”。这适足以显示读书人个人修养及其家风的形成轨迹与升华过程。我国以儒学为主体的传统文化，已经融入社会各阶层的家庭生活与思想意识之中，家训与家风的传承就是明证。

每个时代都有自己的时代精神，而它作为意识形态又具有相对独立性与历史继承性，这在我国传统社会的发展中表现得最为明显。习近平总书记指出：“中国传统文化博大精深，学习和掌握其中的各种思想精华，对树立正确的世界观、人生观、价值观很有益处。”在当今社会条件下，仍然需要从传统意识形态中寻找具有积极意义的内容，借以汲取文化营养，锻造新时代精神。坊巷内走出的近代启蒙思想家严复，曾有著名论断：“四书五经，固是最富矿藏，惟须改用新式机器发掘淘炼而已。”他还说过：“回观孔孟之道，真量同天地，泽被寰区。”指出了认识和对待古典著作、传统文化的态度与方法。我们应当秉持这种批判继承的精神对待家风家训的内容。本书所选三坊七巷历史名人的家风家训，正是我国传统文化的优秀成分与精华所在。

三坊七巷是福州最具代表性的传统街区，也是海内外闻名的文化地标。它不仅是“里坊制度活化石”和“明清建筑博物馆”，更是古今英才的发祥地，对于其中优秀的人文内涵，应当努力发掘和弘扬。据记载，在坊巷区域内，历史上曾经涌现出150位进士、300多位举人，堪称历史名人者达300余人。从这里走出的诸多名人，无论是命世之英还是饱学之士，同样都具有家国情怀、担当精神、书卷气息、山水胸襟、松竹节概、山斗雅望、梅雪风韵……对于坊巷内丰富深厚的人文内涵，今人还在不断地发掘整理。现在编纂的这本家风家训，共选录名人60位，内容分别来自他们的诗文、书信、笔记、箴铭、训示等文字资料，是坊巷历史文化、人文精神的生动体现，旨在传承家族文化血脉，守望华夏传统文化。坊巷人家世代相传的训诫与家风就包括：敬承儒业，安贫苦读，济世兴邦，立志向学，世德相承，不堕家声，其共同信念是“传家先志节，报国恃精神”。

从家风家训中人们可以看到，福州坊巷名人的确继承了中华民族优秀的传统文化和良好的价值观念，其核心内容集中体现了传统的仁义礼智信和忠孝悌廉节等道德理念。本书与三坊七巷名人家风家训馆合成双璧，展示坊巷世家与名人崇高的思想境界与道德风采，这对世人不仅具有阅读欣赏价值，而且有着教育借鉴意义。

书稿初成，编者邀予作序。笔者自忖先贤睿哲之思、精警之语俱在，何劳浅识者饶舌置喙；然而阅览书稿之后，深为编辑者匠心独运、精诚选录的精神所感动。本书内容博赡足观，实有警世劝人之功；评注者深入浅出，释说融会贯通，中肯达旨，可收导读、便览之效。面对应世佳作，先读者自然不能无感，草就如上赘言，虽非先贤往哲之知音，权充新作出版之引喤。

编辑说明

一、本书采摭有关三坊七巷历代名人治家教子的家风家训文献，编辑成书。分为两篇：上篇“名人家训”，下篇“名人家风”，定名为《三坊七巷名人家风家训》。

二、三坊七巷历代名人主要是指居住、活动于这一区域范围，有较高知名度、素具声望的人物，寓贤不在收录之列。

三、上篇“名人家训”，按照名人简介、家训原文、注释、点评进行编排。注释只对原文中少量难解的字句加以解释，点评则是逐条评析。

四、下篇“名人家风”，就三坊七巷名人治家教子的典型事例，编写成小故事。

五、本书时间界限上自宋代，下迄现代。

六、本书大体上按人物的生年先后排列。

七、所选家训，尽量以格言警句为主，并在重要的词句下加着重号，以醒人心目。

八、书中对原文一一注明来源出处，以示材料的真实可靠。

九、为使本书更直观生动，文中配有图片，以便读者了解相关历史文化信息。

目 录

上 篇 名人家训

三坊七巷
名人家风家训

目录

下篇 名人家风

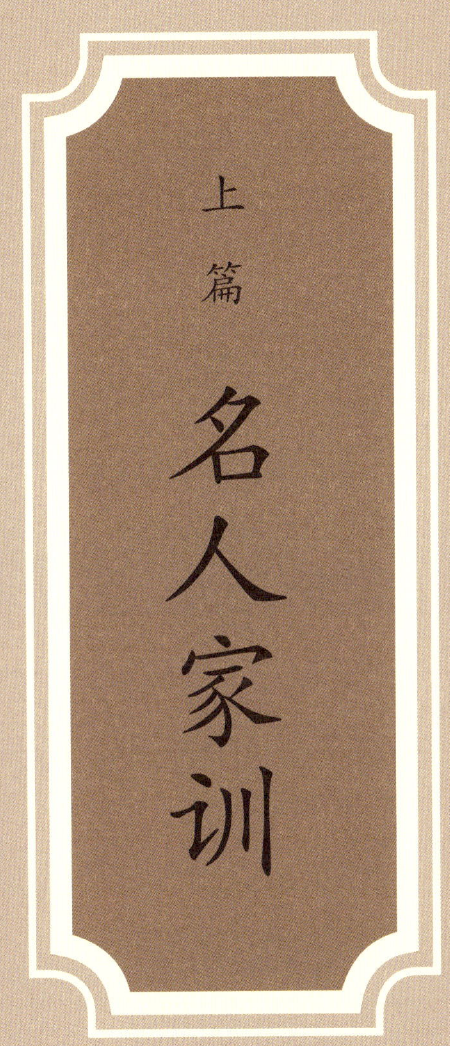
上篇
名人家训

◎陈襄画像

陈　襄

内惩忿以窒欲　外损刚而益柔

陈襄（1017—1080），字述古，世称“古灵先生”，侯官（今福州市）人。与同乡陈烈、郑穆、周希孟为友，倡导理学，人称“海滨四先生”。庆历二年（1042）进士，曾任县令、推官、尚书都省事等。其人公正廉明，识人善荐。精吏事，知河阳县，教民种稻，发展教育。宋神宗时曾奉命出使辽国。著有《古灵集》。故居在塔巷。

人不患无位，患己德不修。（陈襄《古灵集·寄弟衮》）

点评：

子曰：“君子不患无位，患所以立。”盖才德兼美，必有所用之地。身修而无位，则俯仰不愧；德不修而居高位，是谓尸位素餐，灾必逮夫身。

进德修业，当克己以艰难，则心逸日休，斯措身于乐易，诚以惴惴夕惕，乾乾日修[1]。内惩忿以窒欲[2]，外损刚而益柔。义既无侮，福斯来求。（陈襄《古灵集·损先难而后易赋》）

注释：

［1］惴惴夕惕，乾乾日修：形容一天到晚勤奋不懈，忧惧谨慎。《周易·乾卦》：“君子终日乾乾，夕惕若厉，无咎。”

［2］惩忿以窒欲：克制怒气，抑制欲望。《周易·损卦》：“损，君子以惩忿窒欲。”

点评：

尽得《周易·损卦》精义。君子欲得志当时，克保无虞，舍此末由也。

林之奇

君子慎独 所畏惟己

林之奇（1112—1176），字少颖，号拙斋，闽县（今福州市）人。性至孝。宋绍兴间入京代理国史日历所检讨官。南宋偏安东南，之奇认为："能战才能言和。"绍兴二十九年（1159），以痼疾请求外放，乃以大宗丞，提举本路市舶司。后以祠禄家居，理学家吕祖谦拜他为师。卒谥"文昭"，入祀乡贤祠。著有《尚书集解》《拙斋集》等。故居在文儒坊。

畏铭

君子慎独[1]，所畏惟己。此心了然，常对天地。室空无人，十目洞视。达观视之，如见肝肺[2]。

注释：

［1］慎独：闲居独处时，行为仍然谨慎不苟且。

［2］如见肝肺：就像看透肝肺一样。比喻心里想些什么，人们看得清清楚楚。

点评：

隐括《大学》章句，绝无斧痕。盖人之所畏者，唯自欺耳。自欺侥幸，则不能诚其意，其意不诚，焉能慎独？人最大敌人乃是自己，其根源则是无知无畏。故唯其知之，是以畏之，唯其畏之，是以慎之。故人必有所畏，无所畏惧，则必无所不为矣。

正己箴

子思曰："正己而不求于人，则无怨。"呜呼，至哉言乎！吾将以是为反己之箴，省躬之劝。其有介然之声、唯然之音[1]，来干我者，我则以是应之，务以修乎吾之所可愿。（以上两篇出自林之奇《拙斋集》卷十七）

注释：

［1］介然之声、唯然之音：细小微弱的声音。《列子·仲尼》："其有介然之有，唯然之音，虽远在八荒之外，近在眉睫之内，来干我者，我必知之。"

点评：

严于律己，宽以待人，此修身之大法。闻斯行之，庶几日臻善域，人无怨望之言。

◎濂江林氏进士木牌坊

林瀚

清慎勤劳　修举职业　思振家声为可

林瀚（1434—1519），字亨大，号泉山，闽县（今福州市）林浦人。明成化二年（1466）进士，后晋国子祭酒，升礼部右侍郎、南京吏部尚书。时奸臣当道，林瀚乞退，朝廷不许。正德元年（1506）四月，敕兼南京兵部尚书，参赞机务。翌年，刘瑾假传圣旨，贬林瀚为浙江左参政，勒令致仕。正德五年（1510），刘瑾被诛，林瀚官复原职，仍准致仕。卒赠太子太保，谥“文安”。著有《经筵讲章》《泉山奏议》《泉山集》，以及古典历史小说《隋唐志传通俗演义》。

寄庭杓、樟、榆[1]、炫书

居官须要清慎勤劳，修举职业，思振家声为可。樟郎读书太学，获友海内英贤，不为无益，拨历[2]迟速，勿得计较。榆郎坐班半年，即出礼部写本，殊为望外之幸。余暇尽可加功向学，须以科第自期为上，勉旃[3]，勉旃！炫孙初仕，甚有能名，来自京师者无分贵贱俱称尔谦厚，承上接下，罔[4]不得宜，我每闻此，忻慰不胜，但欲慎终如始，是为至嘱。

注释：

［1］林庭杓，林瀚四子，字利高，以荫入太学，授南京右府都事，擢经历庆远知府。出牧远方，能以清静养民。满九载，将赴吏部，卒于途。林庭樟，林瀚五子。林庭榆，林瀚六子，字利功，号见泉，任潮州府推官，清白自持，一无所染，卒于任上。

［2］拨历：一称“历事”，明代国子监实习制度。始于洪武五年（1372），即将国子监监生分拨到各部门历练政事，有“正历”“杂历”和“诸色办事”等名目，各有定额。

［3］旃：“之焉”合音。

［4］罔：无，没有。

点评：

居官莫不以清慎勤劳、谦厚向学为嘱，居上持敬，戒躁忌盈，是其大过人处。

训诸子帖

汝诸兄弟聚散有期，而友恭之爱不可不笃。须并留家中，朝夕陪奉参政兄[1]宴饮，听教学礼。虽曰读书工夫不可久辍，然此乃民彝[2]所关，能警于心，是即学也。汝曹其知之。

注释：

[1] 参政兄：次子林庭㭿。

[2] 民彝：犹人伦。人与人之间相处的伦理道德准则。

点评：

《书》云：“孝乎惟孝，友于兄弟。”《诗》曰：“兄弟既翕，和乐且湛。”事长主敬，待下主爱，是学之大者，乃所以齐其家也。

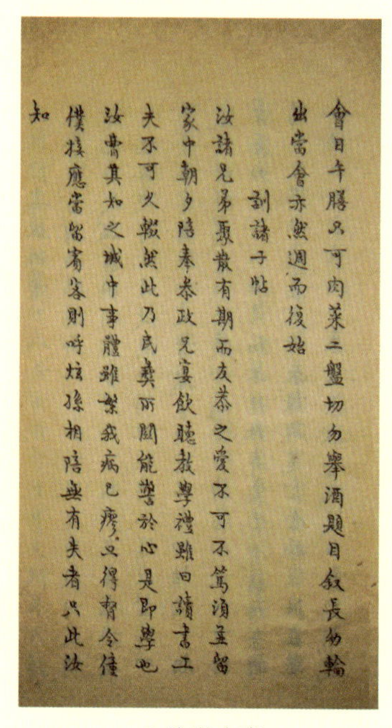
會日午膳只可肉菜二盤切勿舉酒題目叙長幼輪
出當會亦然週而復始
訓諸子帖
汝諸兄弟聚散有期而友恭之愛不可不篤須並留
家中朝夕陪奉參政兄宴飲聽教學禮雖曰讀書工
夫不可久輟然此乃民彝所關能警於心是即學也
汝曹其知之城中事體雖繁我病已瘳又得[illegible]令侄
僕輩應當留看客則呼炫孫相陪無有失者只此汝
知

◎林瀚家书

寄炫孙书

汝今在吏部观政[1]，……但须勤候朝参，恭事堂尊司长，勿得怠忽。经史诗文功夫，更须会友讲明，以求进益，不可自画[2]。……日逐节俭用度，不可浪费。吾家素无厚积，汝岂不知？近日宗契粹夫都宪[3]，助以新米十斛，岁定为常。汝慎识之，当思报其德也。（以上三篇出自林瀚《林文安公文集》卷十九）

注释：

[1] 观政：在旁观摩学习处理政事的方法。明代进士观政制度，始于洪武十八年（1385），士子及第后不立即授官，派遣到六部九卿等衙门学习政事，以得到锻炼。

[2] 自画：画，停止。自己限制自己。

[3] 粹夫都宪：指林廷玉，明成化十九年（1483）进士，官右佥都御史。居衣锦坊柏林坊，与林瀚父子交挚。

点评：

君子之教其子孙，舍敬慎、勉学、节俭、衔恩而外，无他也。为人处事，慎始慎终，无往而不是如此。

语曰：德厚者流光。愿吾宗子姓，世德相承，以衍无疆之庆。富贫穷达，随遇而安。远近亲疏，敦睦无间。此则作谱合族之深意也。（《濂江林氏家谱》）

点评：

以财遗子孙者，财终有尽，以德遗子孙者，德乃无穷。是故立身以德为本，睦族以德为先也。

张 经

衣裳防太薄 梨栗戒过丰

张经（1492—1555），字廷彝，号半洲，初姓蔡，后复姓张，侯官（今福州市）洪塘人。明正德十二年（1517）进士。嘉靖十六年（1537），总督两广军务，改官南京兵部尚书。嘉靖三十三年，倭寇在沿海攻城占邑，张经总督江南、福建等七省诸军，初到任时，战事屡次受挫。翌年春，倭寇进犯，严嵩党羽赵文华督师，同胡宗宪疏劾张经“糜饷殃民，畏贼失机”。后张经率军攻倭获大胜，俘获倭寇五千。世宗接赵文华等疏，降旨逮张经至京。张陈述作战经过，世宗不理，将张经斩首。隆庆二年（1568），获平反，谥“襄敏”，赐祭葬。著有《半洲诗集》传世。故居在文儒坊。

忆炳子[1]

汝今才十岁，汝母忽云终。归路依吾弟，还家仗阿翁。衣裳防太薄，梨栗[2]戒过丰。万里犹为客，何当在眼中。（张经《半洲诗集》卷二）

注释：

[1] 炳子：张经之子张恭，荫补太学生。

[2] 梨栗：梨子与栗子，这里借指零食。

点评：

家雁不测，爱子益笃。客路于外，冷暖关心。语虽朴实而情尤真切，读之令人动容。

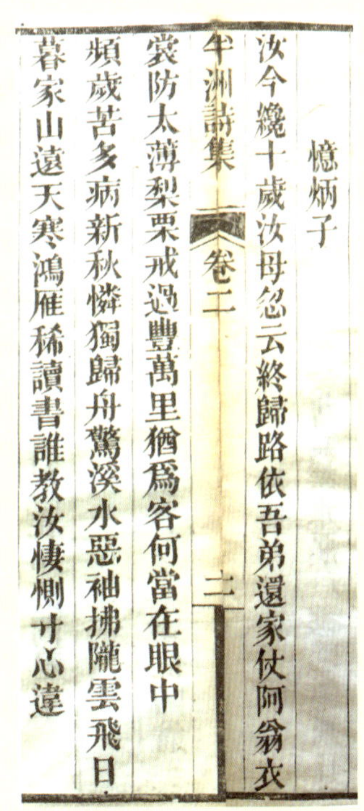

憶炳子

汝今纔十歲汝母忽云終歸路依吾弟還家仗阿翁衣

半洲詩集 卷二 二

裳防太薄梨栗戒過豐萬里猶爲客何當在眼中

頻歲苦多病新秋憐獨歸舟驚溪水惡袖拂隴雲飛日

暮家山遠天寒鴻雁稀讀書誰教汝悽惻寸心違

◎张经《忆炳子》诗

林 烴

勿以利而弃义　勿以怒而废礼
勿以疏远而遂忘　勿以贫贱而轻绝

林烴（1540—1616），字贞耀，闽县（今福州市）人。嘉靖四十一年（1562）进士，出知建昌府，治事简静，断事敏捷。调太平郡，以政绩迁广西副使，历广东布政司参政，转南京太仆少卿。当时马政荒废，林烴力加整顿，官民便利。调任北京刑部侍郎，升南京工部尚书。归家唯图书数箱，乡居生活俭朴。著有《覆瓿集》。故居在文儒坊。

勿以利而弃义，勿以怒而废礼，勿以疏远而遂忘，勿以贫贱而轻绝[1]。（《濂江林氏家谱》）

注释：

［1］轻绝：轻易弃绝。

点评：

非唯睦族之良言，亦修身之正法也。切记，切记。

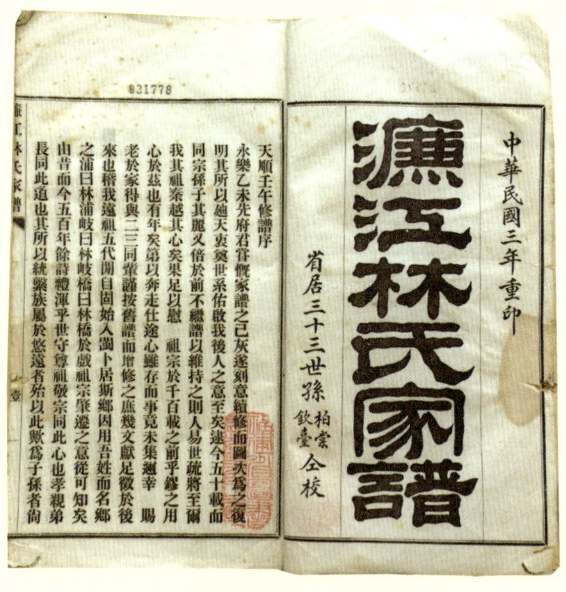
中華民國三年重印
濂江林氏家譜
裔居三十三世孫 柏棠 欽臺 仝校

831778

天順壬午修譜序
永樂乙未先府君嘗慨家譜之已灰遂刻意續修而圖大爲之後
明其所以廸天衷奠世系佑啟我後人之意至矣逮今五十載而
同宗孫子其麗又倍於前不繼譜以維持之則人易世疏將至爾
我其祖秦越其心矣果足以慰 祖宗於千百載之前乎繆之用
心於茲也有年矣第以奔走仕途心雖存而事竟未集邇幸 賜
老於家得與二三同輩讎按舊譜而增修之庶幾文獻足徵於後
來也稽我遠祖五代閩自固始入蜀卜居斯鄉因用吾姓而名鄉
之浦曰林浦岐曰林岐橋曰林橋於戲祖宗肇遷之意從可知矣
由昔而今五百年餘詩禮渾乎世守尊祖敬宗同此心也孝親弟
長同此道也其所以統繫族屬於悠遠者殆以此歟爲子孫者尚

濂江林氏家譜 壹

◎《濂江林氏家谱》书影

陈一元

家之昌炽无他，老成人无斫[1]先世善根，后生辈不替[2]先世书种，力田[3]自逢年耳。

（陈一元《漱石山房集》卷十四）

老成人无斫先世善根
后生辈不替先世书种

陈一元（1573—1642），字泰始，侯官（今福州市）人。万历二十九年（1601）进士，初任广东四会知县，建桥、修堤、减税、除弊，为民所称道。调任嘉定县，升御史，巡按江西，素著直声。为东林党人，后因叶向高被劾，牵连落职回乡。天启初起复，迁应天府丞。他爱好戏剧，精通音律，著有《漱石山房集》。故居在衣锦坊。

注释：

［1］斫：砍伐。

［2］替：废弃。

［3］力田：努力耕田。泛指勤于农事。

点评：

以力田譬喻，颇觉亲切。老人以行善树德，自成典型，后辈以读书修业，不废传承。两辈各司其职，自然敦睦昌盛。

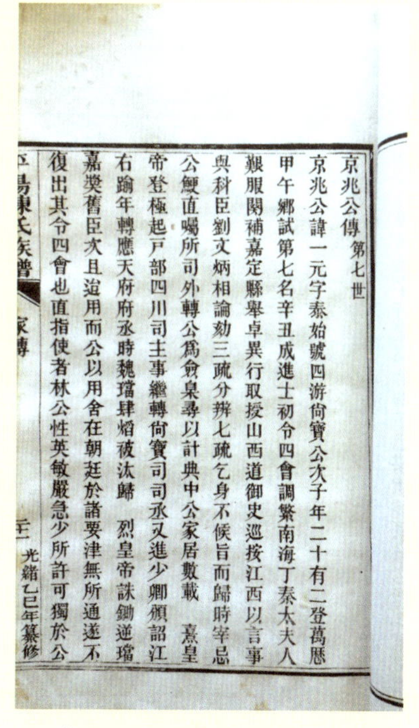

京兆公傳 第七世

京兆公諱一元字泰始號四游尙賓公次子年二十有二登萬曆甲午鄉試第七名辛丑成進士初令四會調繁南海丁泰太夫人艱服闋補嘉定縣舉卓異行取授山西道御史巡按江西以言事與科臣劉文炳相論劾三疏分辨七疏乞身不候旨而歸時宰忌公鯁直喝所司外轉公爲僉臬壽以計典中公家居數載 熹皇帝登極起戸部四川司主事繼轉尙寶司司丞又進少卿頒詔江右踰年轉應天府府丞時魏璫肆熖被汰歸 烈皇帝誅鋤逆璫嘉獎舊臣次且逌用而公以用舍在朝廷於諸要津無所通遂不復出其令四會也直指使者林公性英敏嚴急少所許可獨於公

平陽陳氏族譜 家傳 光緒乙巳年纂修

◎《平阳陈氏族谱》载陈一元传记

曾熙丙

倘一刻闲谈　便掷一刻光阴

曾熙丙（1576—1644），谱名用晦，字儆炫，侯官（今福州市）洪塘鹞里人。自他开始，“鹞里曾”迁居城内。万历二十五年（1597）举人，历任惠安教谕、广东新会知县、南京河南道监察御史。天启初，太监魏忠贤擅权，遂以母亲年老为由乞求归养。崇祯十七年（1644）三月，北京城破，明亡。熙丙闻报，哭泣不食数日，月余卒。有家训《教孙篇》《警学篇》等传世。

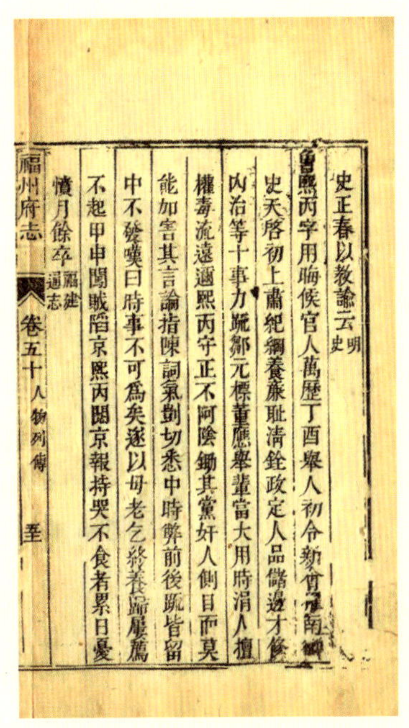
史正春以教諭云（明史）
曾熙丙字用晦侯官人萬歷丁酉舉人初令新會擢南御
史天啓初上肅紀綱養廉恥清銓政定人品儲邊才修
內治等十事力疏鄒元標董應舉輩當大用時涓人擅
權毒流遠邇熙丙守正不阿陰鋤其黨奸人側目而莫
能加害其言論指陳詞氣剴切悉中時弊前後疏皆留
中不發嘆曰時事不可爲矣遂以母老乞終養歸屢薦
不起甲申闖賊陷京熙丙聞京報持哭不食者累日憂
憤月餘卒（福建通志）
福州府志　卷五十　人物列傳

◎ 乾隆《福州府志》载曾熙丙传

大抵要医子弟病痛，只是督责读书，日就工课，学问有得，见识自定，可者与[1]之，其不可者拒之，所谓源洁而自清者也。孙辈宜识[2]此意。

注释：

［1］与：接受，赞同。

［2］识：记住。

点评：

书能医愚，亦足救世。然书亦有好坏之别，坏书蛊惑人心。故知读书重要，读何种书更为重要也。

一室之内，只兄弟四人，各勤课业，如有疑义，不妨虚心相质。倘一刻闲谈，便掷一刻光阴。谢客静坐，道气自生，学问自长，下笔自灵。汝曹涉世未久，天真未漓[1]，斋心[2]服膺，殊觉有得。《易》曰：“无有师保，如临父母。”[3]言戒惧也。

注释：

［1］漓：浮薄，淡薄。

［2］斋心：涤虑清心，专一其志。

［3］无有师保，如临父母：出自《周易·系辞下》，意思是即使没有师长保护教诲，也如同有父母在身旁而受到保护。

点评：

陈寅恪《赠蒋秉南序》云：“魏丘诸子值明清嬗蜕之际，犹能兄弟戚友保聚一地，相与从容讲文论学于乾撼坤岌之际，不谓为天下之至乐大幸不可也。”然则无论何时，兄弟相聚问学析疑，从容有得，皆足引为平生至乐。

读书要养身，能养身则无颓弛之患。读书要专气，能专气则无他歧之惑。钻研义理[1]与保养精神原是同条共贯[2]，若读书要求广渊，作文要入精细，那有放闲时刻，分外走作[3]？

注释：

[1] 义理：讲求经义、探究名理的学问。

[2] 同条共贯：比喻事理相通，脉络连贯。

[3] 走作：放逸，超出规矩。

点评：

鞭辟入里。学生任务即是读书，学习期间参与过多活动、兼职求财者多是读书不专之人。果能专心求学，何暇他往？须知读书与应试实为二事也。

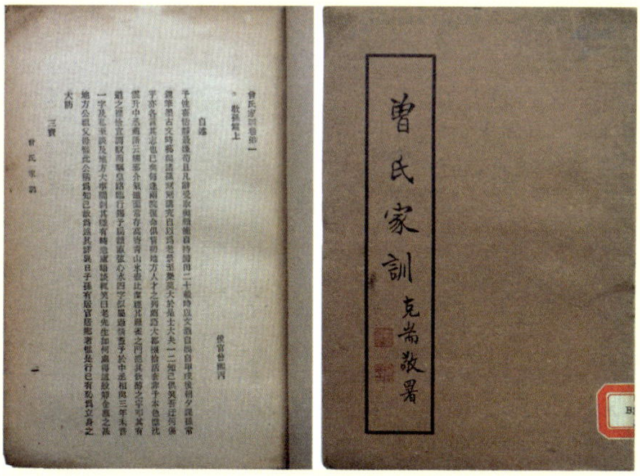

◎1963年曾克耑在香港刊行《曾氏家训》书影

持身涉世论

凌铄[1]同侪[2]，诃诋[3]前辈。欺瞒亲友，夸张学问。妄自尊大，不近人情。逢事易怒，发语太轻。轻易怪人，慷他人慨。气味膏粱[4]，门面妆点。居心暧昧，吞吐不明。妒人之能，讳己之短。不料身份，责人太苛。视怨邱山，视德流水。数者于持躬涉世之道皆有亏损，书以为诸孙戒。（以上四篇出自《曾氏家训·教孙篇》）

注释：

[1] 凌铄：欺压，压倒。

[2] 同侪：同辈。

[3] 诃诋：责骂诋毁。

[4] 膏粱：肥肉与细粮，借指富贵子弟或生活奢靡的人。

点评：

乍读如当头棒喝，醍醐灌顶。

曾庭龙

心淡名利 性气宽缓
事事留有余 造物不能忌

曾庭龙，谱名翼乾，字莞石，讳庭龙，系曾熙丙长子。崇祯六年（1633）举人。生平以宋明理学自励，著有《警己篇》一卷。《曾氏家学》中录其诗八首，以见其大凡。裔孙曾克耑撰一小序云：“翼乾继起，理学自励。初举孝廉，忽焉即世。清献告天，东莱责己。剌取成篇，资此警语。”

性喜读书是一清福，心淡名利是一清福，性气宽缓是一清福，居临山水是一清福，饮食有节是一清福，身便布素[1]是一清福，口绝雌黄[2]是一清福，心常欢喜是一清福，交无杂宾是一清福，夜能熟睡是一清福。

注释：

［1］身便布素：身穿白色的布衣，形容衣着俭朴。

［2］口绝雌黄：不妄作评论、随意乱说。

点评：

此“十福”非乐天知命者不能享也。

心如虚空是一大快，生少疾病是一大快，无技受役[1]是一大快，少营自足是一大快，追往无憾是一大快，游览任兴是一大快，故旧畅谈是一大快，见善获福是一大快，骤获胜解[2]是一大快，久忘勿记是一大快。

注释：

［1］无技受役：没有掌握技术让身体受到劳苦的役使。

［2］骤获胜解：突然得到深刻的理解。

点评：

此为“十快”。获读此言亦一大快也。李瑞清云：“为人莫学书，学书诚无益。拙无损于己，善徒为人役。”可为无技受役作一注脚。

思受生难不宜自弃，思延年难不宜虚度，思却病难不宜纵欲，思闻道难不宜中废，思践言难不宜多诺，思追悔难不宜易发，思经营难不宜糜费，思酬报难不宜妄取，思缔好[1]难不宜泛交，思免毁[2]难不宜妄诋。

注释：

［1］缔好：结好关系。

［2］免毁：避免毁谤。

点评：

“十思”之精义乃在于一“慎”字，若能事前再思，谨言慎行，则庶几可免也。

不轻游冶为日惜阴，不轻屑越[1]为身惜精，不轻言论为口惜过，不轻非议为人惜德，不轻驰骛[2]为己惜廉，不轻冀望为世惜惠，不轻祷祀为神惜贶，不轻夸耀为造物惜施，不轻敛聚为子孙惜散。

注释：

［1］屑越：轻易糟蹋，不爱惜。

［2］驰骛：奔走名利。

点评：

此为“十惜”。克己复礼，是谓自惜。骄纵恣睢，是谓自弃。自弃者人亦弃之。

吾人欲动时更须忍，忍过一时，自有无穷滋味。若不忍而恣意为之，而不遂又设计图之，其损心损德莫大于是，且意外之祸亦酝酿胚胎于斯。小有诟辱凌侮之事，大有遭刑触害之殃，悔无及矣。

点评：

遇事便发，只是气量不足。能忍难忍之事，方见其功夫。匹夫见辱，拔剑相向，毕竟何益？观苏轼《留侯论》，直以能忍为成大事之方也。

遇难处之事，有不堪之情，必当求圣贤之正道，参众论以处之。若任意，则必愤而执见[1]，斯成碍矣。

注释：

［1］执见：固执己见。

点评：

圣人有“四毋”之诫，若执见而处事，鲜有不败绩者。读古人之书，须有一二圣贤语往来胸中，方不致有他歧之惑。

事事留有余，造物不能忌。业满功必烈，忧患看立至。（以上七篇出自《曾氏家训·警己篇》）

点评：

此诗脱胎于《菜根谭》语，所谓凡事留有余，即惜福之说。

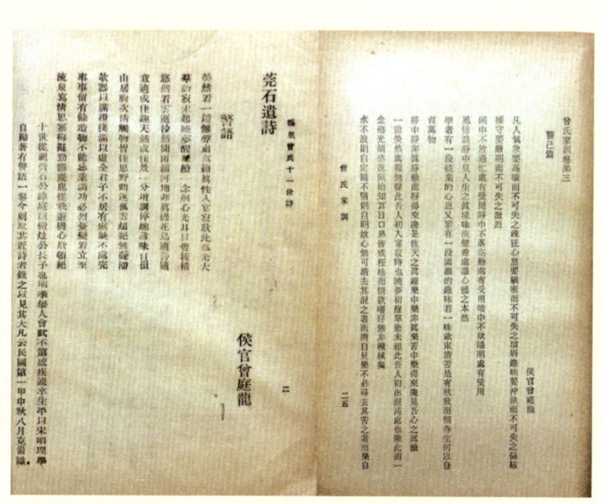

曾氏家訓卷第三

警己篇

侯官曾庭龍

莞石遺詩

警語

侯官曾庭龍

◎曾庭龙家训

陈梦雷

有无相通　过失相戒　忧患相恤

陈梦雷（1650—1741），字则震、省斋，闽县（今福州市）人。康熙九年（1670）进士，授编修。耿精忠叛清，强授其官职，不就。后入京，改谪戍沈阳尚阳堡。精通满文，在沈十余年，编撰《奉天通志》《盛京通志》等。康熙三十七年，召回京师。翌年，任词臣、侍读，侍奉皇三子胤祉读书。所编撰的《古今图书集成》，三千六百余卷，是中国历史上采集最博、收罗最广的一部类书。后因雍正皇帝即位，胤祉下狱，他再次被发遣黑龙江。病卒于戍所。著有《松鹤山房文集》等。故居在杨桥巷。

族谱序

……吾老矣，以安、以树奋于前，吾兄弟三人之子若孙，凡我族人弟侄之子若孙，共相继勉于后，幸而致身通显，稍丰腴[1]，务成吾志。稍置田宅以赡我贫困族人，兼设义学[2]以教失业之子弟，有无相通，过失相戒，忧患相恤，则吾宗之寖昌寖炽[3]将不可量。然后推此心以及乡闾，且推此心以及天下，将不独亲其亲，不独子其子，古道犹可复见于今日，不一大愉快也哉！（陈梦雷《松鹤山房文集》卷十）

注释：

［1］丰腴：丰裕富厚。

［2］义学：古代各地用公款或私资举办的免费学校。

［3］寖昌寖炽：渐渐昌盛壮大。

点评：

襟怀之大，莫见其端。苟能如此，必趋大同也。

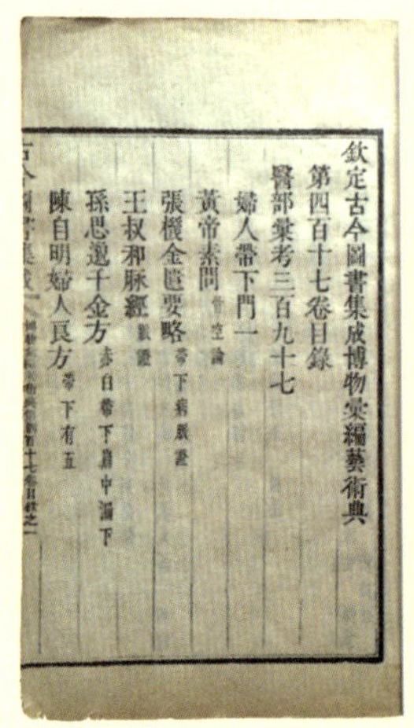
欽定古今圖書集成博物彙編藝術典
第四百十七卷目錄
醫部彙考三百九十七
婦人帶下門一
黃帝素問 骨空論
張機金匱要略 帶下病脉證
王叔和脉經 脉證
孫思邈千金方 赤白帶下崩中漏下
陳自明婦人良方 帶下有五

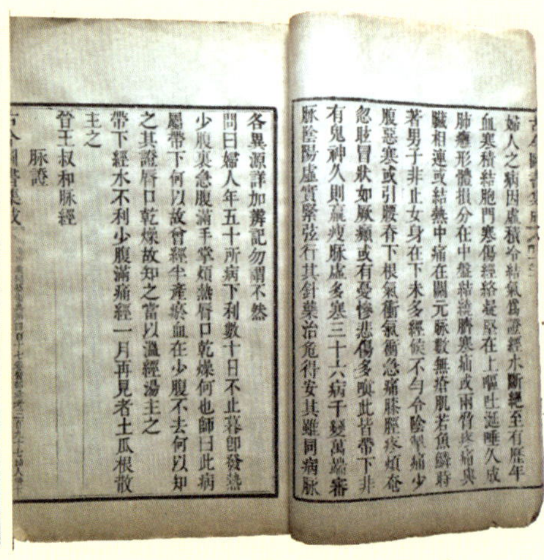
婦人之病因虛積冷結氣爲諸經水斷絶至有歷年
血寒積結胞門寒傷經絡凝堅在上嘔吐涎唾久成
肺癰形體損分在中盤結繞臍寒疝或兩脅疼痛與
臟相連或結熱中痛在關元脉數無瘡肌若魚鱗時
著男子非止女身在下未多經候不勻令陰掣痛少
腹惡寒或引腰脊下根氣街氣衝急痛膝脛疼煩奄
忽眩冒狀如厥癲或有憂慘悲傷多嗔此皆帶下非
有鬼神久則羸瘦脉虛多寒三十六病千變萬端審
脉陰陽虛實緊弦行其針藥治危得安其雖同病脉
各異源詳加辨記勿謂不然
問曰婦人年五十所病下利數十日不止暮即發熱
少腹裏急腹滿手掌煩熱唇口乾燥何也師曰此病
屬帶下何以故曾經半產瘀血在少腹不去何以知
之其證唇口乾燥故知之當以溫經湯主之
帶下經水不利少腹滿痛經一月再見者土瓜根散
主之
脉證
晉王叔和脉經

◎陈梦雷《古今图书集成》书影

◎林佶故居志在楼

林　佶

吾宗世泽遗忠厚　只要安贫苦读书
应须努力争驹隙

林佶（1660—？），字吉人，号鹿原，侯官（今福州市）人。师从吴中汪琬、新城王士禛。康熙三十八年（1699）己卯科举人。因精楷书，奉旨入武英殿抄写御集。康熙五十年，钦赐进士，官授内阁中书。林佶的书法、金石俱佳，其篆、隶、行、楷"上自王公，下至琉球、高丽，无不购求"。以藏书宏富闻名。著有《朴学斋集》等。故居在光禄坊。

勖诸儿

裙屐[1]纷纷王谢[2]居，倏然[3]凋落电光如。吾宗世泽遗忠厚，只要安贫苦读书。

岁月堂堂不可居，回头已叹逝川[4]如。应须努力争驹隙，一寸光阴一寸书。

注释：

［1］裙屐：原指六朝贵游子弟的衣着，后泛指富家子弟的时髦装束。

［2］王谢：东晋权臣王导、谢安家族的合称。

［3］倏然：突然，很快的样子。

［4］逝川：逝去的流水，比喻时间过得飞快。

点评：

眼前一切如浮云，唯有刻苦求学，方不误此生。

晟孙将归娶，诗以勉之

习气先须除却俗，工夫惟在静中求。区区饮博污流俗，不愿孙曾辈此俦。

遥见曝孙近课文，峥嵘气象颇殊群。读书识字在心悟，丽泽[1]观摩务要勤。（以上两篇出自林佶《朴学斋诗稿》卷十）

注释：

［1］丽泽：相连的两水泽，能相互滋育润泽。比喻朋友彼此切磋、砥砺。《易经·兑卦》："丽泽兑，君子以朋友讲习。"

点评：

去俗之法，在于能静。苟不能静，则邪气攻中，不能守也。心静则读书无间，必有所得，得而不敢自是，须以良友为攻错之石，方能日知其所无。

李　馥

为语儿曹应记取　衿怀浩荡海天宽

李馥（1662—1745），字汝嘉，号鹿山，福清人。康熙二十三年（1684）举人，历任工部员外郎、刑部郎中、重庆知府，官至浙江巡抚。居家，与福州知府顾焯倡设平远诗社，邀请名士相唱和。工诗，好藏书，多有善本。年八十重赴鹿鸣宴。著有《居业堂诗稿》。故居在黄巷。

课儿

吾生攻苦在三余[1]，尚忆晨昏总角[2]初。衰病心怜精力少，清贫迹扫世情疏。只须薪火传余烬，岂有浮云滓太虚[3]。为语儿曹勤课诵，希贤[4]总在古人书。（李馥《居业堂诗稿·丙午》）

注释：

［1］三余：泛指空闲时间。三国时董遇教人读书当以三余："冬者岁之余，夜者日之余，阴雨者时之余。"典出《三国志·魏志·王肃传》，裴松之注引鱼豢《魏略》。

［2］总角：古时儿童束发为两结，向上分开，形状如角，故称总角。这里借指童年时候。

［3］太虚：天空。

［4］希贤：效法贤人。

点评：

古人嘉言懿行具载坟籍，欲希圣友贤，舍读书无他法。

有感示大有[1]

白云苍狗[2]须臾事，变态[3]何妨有万端。会得[4]穷通皆梦幻，从渠时世足波澜。窥人野鸟生春色，索笑檐梅耐岁寒。为语儿曹应记取，衿怀浩荡海天宽。（李馥《居业堂诗稿·丁未》）

注释：

［1］大有：李馥子。

［2］白云苍狗：浮云变幻成黑狗的样子。比喻世事变化无常。

［3］变态：事物变化的不同情状。

［4］会得：理会、懂得。

点评：

变化于物，处之在我。以豁达之胸次处陆离之现世，方能坦然不惊，灼然不惑。

有感示大有

白雲蒼狗須臾事變態何妨有萬端會得

窮通皆夢幻從渠時世足波瀾窺人野鳥

生春色索笑檐梅耐歲寒爲語兒曹應記

取衿懷浩蕩海天寬

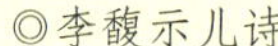

◎李馥示儿诗

◎李馥砚铭

◎黄任画像

黄 任

力学如力穑 承家在报国 不独绍书香

黄任（1683—1768），字于莘、莘田，自号十砚翁，永福人。康熙四十一年（1702）举人。雍正间，任广东四会、高要知县。生性狷介，为官清廉，人忌其才，被劾去职。归居福州光禄坊早题巷，筑“香草斋”。好收藏古砚，善书法，尤工诗，所传《秋江集》《香草笺》，温婉悱恻，家传户诵。

喜惠侄[1]成进士归里

我家本儒术，名山开旧藏。力学如力穑，土物惟心臧[2]。……承家在报国，不独绍书香。汝父老书生，我亦贫柴桑。门户恐衰替，宗族希宠光。且莫厌阙短，家尊名亦芳。索汝新锦样，分汝旧衣裳。团栾拜家庆，盘飧罗醴浆。我老不痛饮，因汝倾巨觞。（黄任《秋江集》卷五）

注释：

［1］惠侄：黄惠，黄任侄子。

［2］土物惟心臧：土地所生之物，都倍加爱惜，那么他的心就善良了。语出《尚书·酒诰》：“惟曰我民迪小子，惟土物爱，厥心臧。”

点评：

承家报国，克绍书香，古人所重，今人所轻。

林枝春

尊祖 修谱 睦族 广睦 奉终
务学 谨行 修德 体仁

林枝春（1699—1763），字继仁，号青圃，闽县（今福州市）人。乾隆二年（1737）中进士第二名（榜眼），授翰林院编修。为桐城派古文家方苞所赏识，文名甚噪。后充《一统志》馆纂修、武英殿纂修官，任翰林院侍讲学士、通政司左通政。十七年，乞假回福州，任鳌峰书院山长八年，先后培育门生约千人。诗亦风流俊雅，著有《青圃诗文集》。故居在黄巷。

首尊祖，次修谱，次睦族，继之广睦、奉终，申以务学、谨行，归于修德、体仁。今日之事，比物此志[1]也。朱文公[2]之训曰：“为人孙者，当思祖德之勤劳；为人子者，宜念父功之刻苦。”李文贞[3]之言曰：“心父母之心，则无不和之兄弟；心祖宗之心，则无不睦之族人。”於戏，之二说者尽之矣。谨以是为吾宗劝。（《濂江林氏家谱》）

注释：

［1］比物此志：用事物行为来寄托、表达自己的心意。语出《汉书·贾谊传》：“圣人有金城者，比物此志也。”

［2］朱文公：朱熹（1130—1200），字元晦，号晦庵，原籍徽州婺源人，生于福建尤溪。南宋哲学家、教育家。长期讲学建阳，开创闽学，集理学之大成。著作有《朱子语类》《四书章句集注》等。

［3］李文贞：李光地（1642—1718），字晋卿，号榕村。福建泉州人，康熙九年（1670）进士，清代理学名臣。历任翰林编修、吏部尚书、文渊阁大学士等职。曾协助平定“三藩之乱”，协助统一台湾。著有《榕村全书》。

点评：

思先祖之勤，则无不劝；体先祖之心，则无不和。苟能行此二语，则内外和而宗族兴矣。

一昔人有言譜固有以韞宗而臨孫子者典莫重焉能知此義則恪共將事自不容已況閱世而人愈多每經重修一次後者必更難於前今大典既不宜久稽而自春徂秋期會不至其意何居編次蟬聯而下安能因一而廢百耶新稿不変祗憑舊刻吾宗有識之士共諒其苦心幸勿訝其闕漏

一總裁秉筆祖徊相沿枝春既叨先蔭幸沐聖恩國史許其與閱家乘敢辭獨任計自開局以及竣工十有閲月凡增損考訂務必極於精詳不參局外一語編次校勘皆本躬親至刊刷刻印一切工資亦係自捐已棗全書既成裝潢分送板藏家廟緘封倘私自改易妄行添注與衆本一字互異即非信史亟當查取銷燬總過計昭告後人

乾隆十有一年歲次丙寅季秋朔日秉筆二十九世孫枝春謹識

濂江林氏家譜　拾弍

◎林枝春序《濂江林氏家谱》

◎甘国宝画像

居官廉慎，尽心报国，勿坠家声。（甘维衡等《和庵府君行状》）

点评：

廉慎之要，在于克己奉公。上不愧国民，下不损家声，如此居官，宜为良诫。

甘国宝

居官廉慎 尽心报国

甘国宝（1709—1776），字继赵，一字和庵，原籍屏南甘棠，迁居福州文儒坊。雍正十一年（1733）武进士，钦点御前侍卫，出任广东游击、湖广洞庭副将、贵州威宁镇总兵。乾隆二十五年（1760），由海坛镇总兵升调台湾“挂印”总兵，严明法令，教民耕种，与民休养生息，调升福建水师提督。乾隆三十四年，重任福建陆路提督。治军严饬，戍边尽责，体恤兵民，扶贫济困，深得百姓爱戴。故居在文儒坊。

◎乾隆御赐甘国宝“福”字匾

叶观国

忠厚传家 读书守法 惜福谦和

叶观国（1720—1792），字家光，号毅庵，闽县（今福州市）人。乾隆十六年（1751）进士，授翰林编修，出任云南、广西学政。乾隆三十三年补教习庶吉士，任职起居注。先后任河南、湖南、湖北、云南、四川乡试、会试总裁，所至操守清严，公正录取，不畏权势，清廉耿介，为学界所称道。乾隆五十四年，因足疾乞归。著有《绿筠书屋诗钞》。故居在文儒坊。

寄示儿辈

自吾祖宗以忠厚传家，读书守法，未尝行一非分，作一害人事，故吾得仰承家荫，忝沐国恩。今汝辈幸席余业，尤当以惜福谦和为主，慎勿习为汰侈刻薄[1]，自掊根基也。（叶申菉等《毅庵府君行述》）

注释：

［1］汰侈刻薄：过分奢侈，苛刻严峻。

点评：

自古诗书门第，流光衍庆，累世不衰，莫不由此而来也。

三山叶氏辈行

申昌[1]滋大，在于树德。

注释：

［1］申昌：舒长，兴盛。

点评：

德者，得也。树德积福，则子孙不衰。

三山叶氏表字

惟勤与恭，乃可保宗。（以上两篇出自《三山叶氏祠录》）

点评：

勤能广业，恭则不侮。守业有道，持身有方，则宗族必大也。

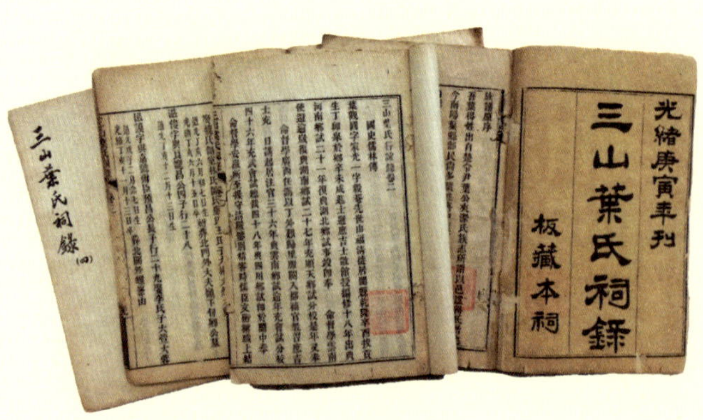

◎《三山叶氏祠录》书影

孟超然

治家莫如勤俭　起家莫如读书
未有勤勤济人而破家者

孟超然（1731—1797），字朝举，号瓶庵，闽县（今福州市）人。乾隆二十五年（1760）进士，调吏部文选司考功郎中。乾隆三十年，出主广西会试。后分校京闱，视学四川，公正廉明，提倡气节。乾隆三十七年以亲老辞，回到福州，主持鳌峰书院八年，教诲诸生不遗余力。著有《孟氏八录》，又合诗文集、日记等总名为《亦园亭全集》。故居在乌山麓。

训诸孙

治家莫如勤俭，起家莫如读书。居官以清慎为先，居乡以安静为本。（陈寿祺《为孟考功夫子请祀乡贤呈词》）

点评：

金玉良言，行之不疑。

有浑厚而为人所欺者，未有深刻[1]而为天所佑者也。有孜孜[2]自为而成家者，未有勤勤济人而破家者也。

注释：

[1]深刻：严峻苛刻。《史记·酷吏列传》：“是时赵禹、张汤以深刻为九卿矣。”又李翰《蒙求》：“张汤巧诋，杜周深刻。”

[2]孜孜：勤勉不懈的样子。

点评：

积善余庆，事理宜然。

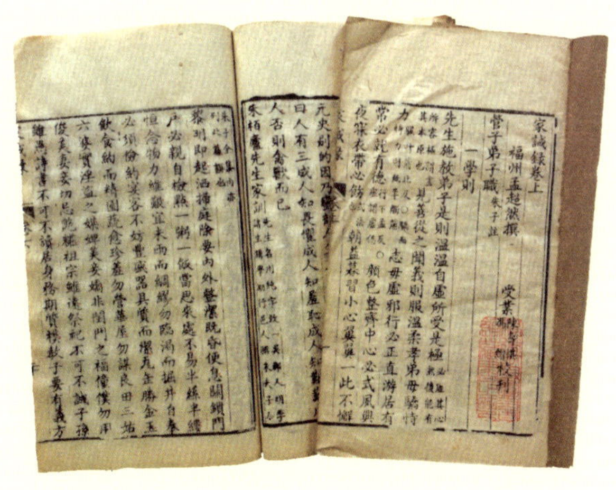
家誡録卷上
福州孟超然撰
管子弟子職 朱子註
一學則
先生施教弟子是則溫溫自虛所受是極
見善從之聞義則服溫柔孝弟毋驕恃力
志毋虛邪行必正直游居有常必就有德
顏色整齊中心必式夙興夜寐衣帶必飭
朝益暮習小心翼翼一此不懈
人否則禽獸而已
朱柏廬先生家訓

◎孟超然《家诫录》书影

识得境遇中千头万绪，皆是磨练德性之资，方免怨天尤人之过。

点评：

必具如此胸次，方可坦然面对一切。

有必不可诿[1]事，亟为经理整顿，则其事自当就绪。若悠悠忽忽[2]，姑听自然，将来益费手[3]矣。

注释：

［1］诿：推脱。

［2］悠悠忽忽：悠闲懒散，马马虎虎。刘义庆《世说新语·容止》：“刘伶身长六尺，貌甚丑悴，而悠悠忽忽，土木形骸。”

［3］费手：麻烦。

点评：

凡事须及时处置，过时则难以收拾，须知当断不断，反受其乱。迁善改过亦当如是。

闲尝以省过[1]语儿子，儿子曰：何事为过？余曰：年来如某事之草率，某事之忿嫉[2]，皆过也。自今以往，惟有事事缜密，事事和平，始得耳。（以上四篇出自孟超然《焚香录》）

注释：

［1］省过：反省过失。

［2］忿嫉：愤怒憎恶。

点评：

人孰无过，过而能改，善莫大焉。须知过由不慎所致，苟能处事唯慎，庶可减其过失也。

刘国柱

无可赢人愿读书

刘国柱（1733—1798），字立中，号素园，侯官（今福州市）人。少入鳌峰书院，受知于山长朱仕琇。乾隆四十五年（1780）举人。六上公车，均报罢归。聚书数千卷于墨庄书屋，令子弟弦诵其中，朔望则取《朱子小学》正襟危坐。子弟小过，督之不少贷，尤隆于敬师。著有《校书楼杂著》《墨庄恭纪》。孙刘家谋，继其业，有高才，著述甚丰。故居在光禄坊。

有能爱我休斟酒，无可赢人愿读书。（刘家谋《东洋小草》卷三）

点评：

谦逊自爱，肯读书就胜过一切。其孙刘家谋尝以此联训子曰：“读书期后人，遗训未失坠。”即绍述书香之意。

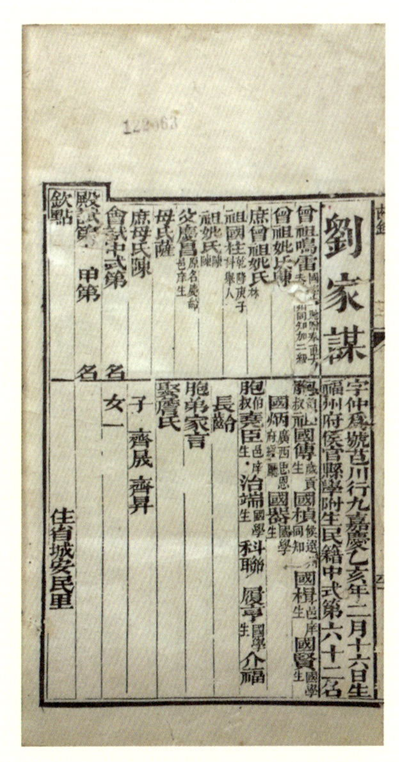

劉家謀
字仲爲號芑川行九嘉慶乙亥年二月十六日生
福州府侯官縣學附生民籍中式第六十二名
曾祖鳴雷
曾祖妣氏陳
庶曾祖妣氏林
祖國柱 乾隆庚子科舉人
祖妣氏陳
父慶昌 原名慶齡 邑庠生
母氏薩
庶母氏陳
會試中式第 名
殿試 甲第 名
欽點
叔祖國傳 國楨 國楫 國賢
國炳 國器
胞伯叔堯臣 治端 科聯 履亭 介福
長齡
胞弟家言
娶薩氏
子 齊晟 齊昇
女一
住省城安民里

◎刘国柱孙刘家谋乡试履历所载刘氏本支世系

◎林宾日自绘像

林宾日

养其廉耻　养其天真

林宾日（1749—1827），字孟养，号旸谷，侯官（今福州市）人，林则徐之父。岁贡生，善诗能文，一生以教书为业。著有《小鸣集》《倒颠集》。故居在文藻山。

夜因八女[1]亲事意见龃龉动辄掣肘偶成七律示之

从来儿女结婚姻，但选英贤莫厌贫。薪米多愁增智慧，风霜早历长精神。胸中锦绣[2]方佳士，腕下琳琅[3]定贵人。若道单寒无许字，余年七十尚孤身。（《林宾日日记》）

注释：

［1］八女：林则徐之妹，适闽县叶申菜次子岁贡生叶预昌。

［2］胸中锦绣：锦绣，精美的丝织品，比喻美好的事物。这里指胸中有才气。

［3］腕下琳琅：琳琅，美玉。指能够写出精致绚丽的文章。

点评：

凡人父母未尝不欲其女安逸也。故择婿门必高、家必厚，唯恐其历风霜之苦，而于其婿品学之优劣则未挂怀，不知天道好还，富贵难恃，其所以爱之正其所以害之也。

《易》以养蒙[1]为圣功，养之时义大矣哉。养其廉耻，使远于奇邪；养其天真，庶免于浇薄。夏楚收威，特其偶耳；若习焉，有不生玩者乎？《孟子》曰：“中也养不中，才也养不才。”[2]正与《易》义相表里。余以“孟养”为字，即此义耳。（林则徐《先考行状》）

注释：

［1］养蒙：以蒙昧自隐，修养正道。也指教养童蒙。《周易·蒙卦》：“蒙以养正，圣功也。”

［2］中也养不中，才也养不才：品德好的人熏陶品德不好的人，有才能的人教育没有才能的人。《孟子·离娄下》载，孟子曰：“中也养不中，才也养不才，故人乐有贤父兄也。如中也弃不中，才也弃不才，则贤不肖之相去，其间不能以寸。”

点评：

以此养蒙，则无不劝矣。可为今日幼儿教育提供参考。

粗衣淡饭好些茶，这个福老夫享了；齐家治国平天下，此等事儿曹任之。（《清代野史大观》第二册）

点评：

此联浅近如话，亲切有味。上联言自己恬淡自足，下联则对儿子寄予极高的期望。曾国藩之父撰有厅事联云：“有诗书，有田园，家风半读半耕，但以箕裘承祖泽；无官守，无言责，时事不闻不问，只将艰巨付儿曹。”与此联实有异曲同工之妙。读《林宾日日记》，居家黎明即起，二鼓便睡，恒以为常，自奉甚薄，居敬持志，犹是前辈风范。

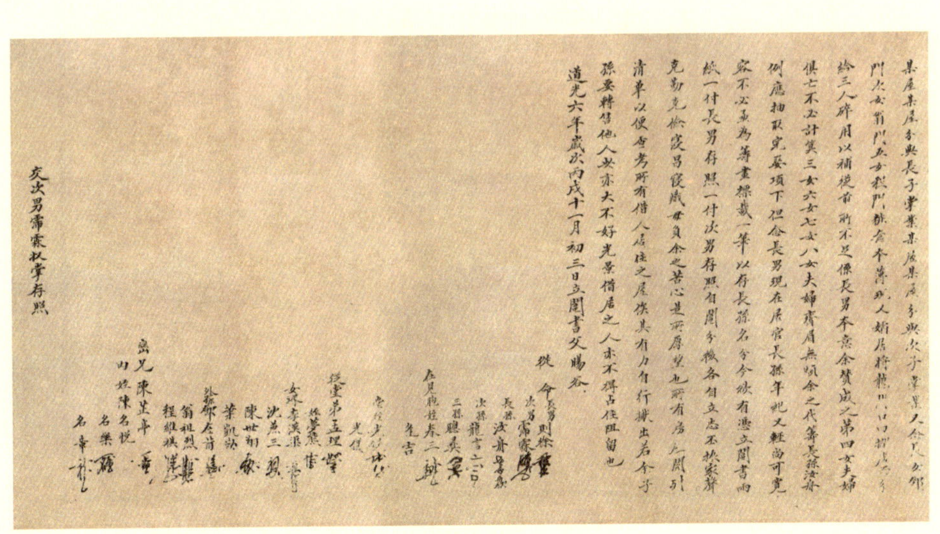
[illegible]
給三人碎用以補從前所不足併長男不意余贊成之第四女夫婦
俱亡不必計算三女六女七女八女夫婦齊眉無煩余之代籌長孫[illegible]
[illegible]
道光六年歲次丙戌十一月初三日立鬮書父賜[illegible]
交次男霈霖收掌存照

◎林宾日析产书

齐 弼

留有余不尽之福 以待儿孙

齐弼（1753—1815），字辅五，号兰皋，侯官（今福州市）人。乾隆四十六年（1781）进士。官湖南醴陵知县，以儒术蔚为吏治，廉名大著，讼牍一清。性孝友，抚孤侄如己子，养寡妹终身。子齐鲲，曾充册封琉球国正使。著有《话雨斋诗集》。故居在光禄坊、衣锦坊。

留有余不尽之财，以还造物；留有余不尽之福，以待儿孙。（陈寿祺《湖南醴陵县知县诰封奉政大夫翰林院编修侯官齐公墓志铭》）

点评：

儿孙自有儿孙福，莫为儿孙作远忧。况积福于儿孙，何如教儿孙积福自享？

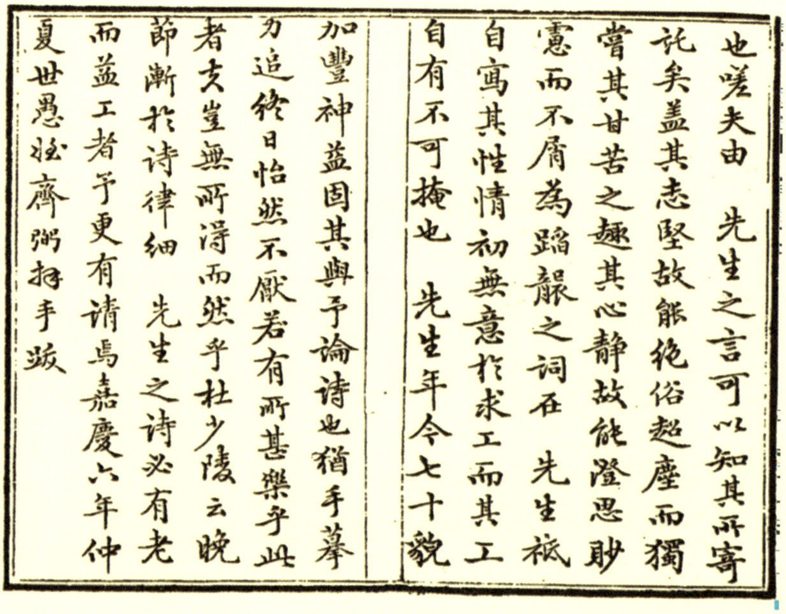

也嗟夫由 先生之言可以知其所寄託矣蓋其志堅故能绝俗超塵而獨嘗其甘苦之趣其心静故能澄思眇慮而不屑為蹈襲之詞在 先生祇自寓其性情初無意於求工而其工自有不可掩也 先生年今七十貌加豐神益固其與予論诗也猶手摹力追終日怡然不厭若有所甚樂乎此者支豈無所得而然乎杜少陵云晚節漸於诗律细 先生之诗必有老而益工者予更有請焉嘉慶六年仲夏世愚侄齊弼拜手跋

◎齐弼手迹

何玉瑛

播种如不早 收获恐无期

何玉瑛（1757—1810），字梅邻，闽县（今福州市）人。生于书香之家，母亲林氏系林佶的孙女。适闽县郑楠。性聪颖，论史多有创解，善作诗，其诗“清婉不俗，寄托清远”。棋、画、音乐，尽皆精妙，吹洞箫尤佳。教子郑鹏程成进士。著有《疏影轩遗草》二卷。故居在闽山巷洗银营。

口占[1]勖儿

殖学[2]精于勤，取法贵乎上。功无一息宽，志欲千古抗。临渴而掘井，及泉乌[3]可望。置身贤豪间，男儿何多让。

六经[4]为根柢，诸史亦藩篱。不知千古事，伥伥[5]欲何之。源远流浩瀚，膏沃光陆离。有本者如是，吾儿知未知。

力田趁东菑[6]，读书及芳时[7]。播种如不早，收获恐无期。灵智日以窒，岁月日以驰。臣壮不如人[8]，此语一何悲。

家无负郭[9]田，本业在书案。汝父愿未酬，抚卷常三叹。尔思父母心，攻苦应勿惮。铁研磨成穿，古有桑维翰[10]。（何玉瑛《疏影轩遗草》卷上）

注释：

[1]口占：口中念出而不用笔墨起草的诗文，称为“口占”，也叫“口号”。

[2]殖学：积累学问。

[3]乌：疑问词，哪里，何。

[4]六经：指儒家《诗》《书》《礼》《乐》《易》《春秋》六部经典。

[5]伥伥：无所适从的样子。《礼记·仲尼燕居》：“治国而无礼，譬犹瞽之无相与，伥伥乎其何之。”

[6]东菑：泛指田园。

[7]芳时：良辰，美好的时节。

[8]臣壮不如人：语出《左传·僖公三十年》：“臣之壮也，犹不如人。今老矣，无能为也已。”

[9]负郭：靠近城郊的良田。

[10]铁研磨成穿，古有桑维翰：桑维翰（898—947），字国侨，河南洛阳人，五代时后晋大臣。据《新五代史·晋臣传》，桑维翰“初举进士，主司恶其姓，以为‘桑’‘丧’同音。人有劝其不必举进士，可以从佗求仕者。维翰慨然，乃著《日出扶桑赋》以见志。又铸铁砚以示人曰：‘砚弊则改而佗仕。’卒以进士及第。”

点评：

读书唯勤，取法宜上。六经为根，诸史为干。读之及时，晚则无望。甘苦之言，勿等闲看过。

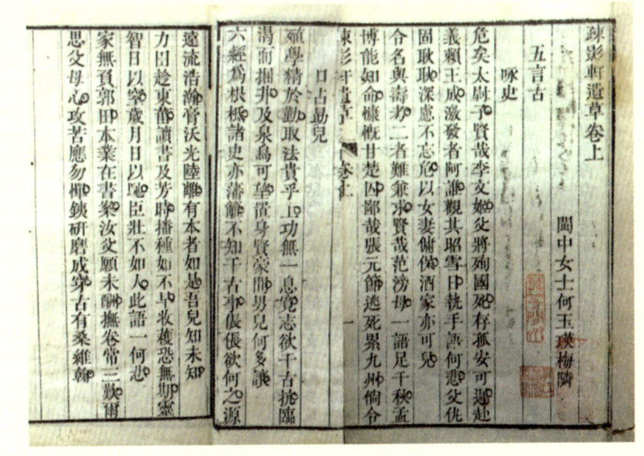

疏影軒遺草卷上

閩中女士何玉瑛梅鄰

五言古

咏史

危矣太尉子賢哉李文姬父將殉國死存孤安可避赴義賴王成激發者阿誰覩其昭雪日執手語何悲父仇固耿耿深慮不忘危以女妻傭保酒家亦可兒

合名與壽並二者難兼求賢哉范滂母一語足千秋孟博能知命慷慨甘楚囚鄙哉張元節逃死累九州倘令

口占勖兒

殖學精於勤取法貴乎上功無一息寬志欲千古抗臨渴而掘井及泉烏可望置身賢豪間男兒何多讓

六經爲根柢諸史亦藩籬不知千古事倀倀欲何之源遠流浩瀚膏沃光陸離有本者如是吾兒知未知

力田趁東菑讀書及芳時播種如不早收穫恐無期靈智日以窒歲月日以馳臣壯不如人此語一何悲

家無負郭田本業在書案汝父願未酬撫卷常三歎爾思父母心攻苦應勿憚鐵研磨成穿古有桑維翰

◎何玉瑛《口占勖儿》诗

◎陈若霖画像

陈若霖

常存厚道以培家运
勿因小忿而失至亲

陈若霖（1759—1832），字望坡，闽县（今福州市）人。乾隆五十二年（1787）进士，在刑部任主事多年，后出任浙江等省巡抚，湖广、四川总督。任内关心民众疾苦，勤慎查勘冤狱积案。官至刑部尚书。陈若霖不忘乡里，曾在螺洲创建陈氏祠堂，刊族谱，凡育婴、恤嫠、赈灾、修孔庙，均邮资助成。又致书闽浙总督孙尔准，倡修《福建通志》，关心家乡文化事业。

常存厚道以培家运，勿因小忿而失至亲。

（陈宝琛手书陈若霖楹联）

点评：

刻薄召祸，小忿失亲，皆非处世之方也。盖君子之立于世也，必以温厚待人，敬慎事亲，宽以待人则无怨，敬以事亲则必和。外恩内和，家道必隆也。

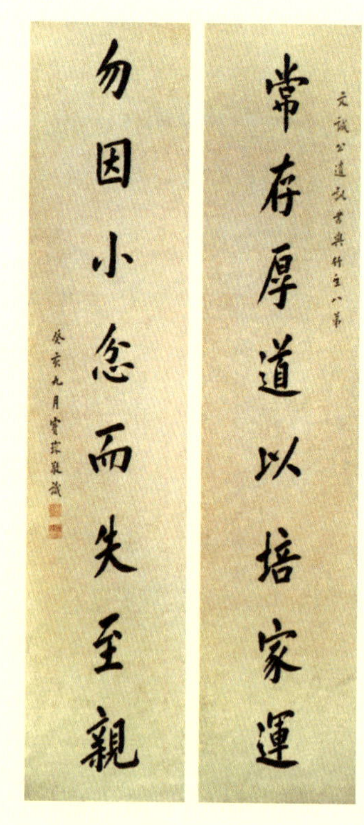

◎陈若霖家训楹联（陈宝琛书）

叶申蔼

存心忠厚　人先立品

叶申蔼（1769—1834），字维和，闽县（今福州市）人。叶观国第四子。兄弟七人，有五人中举或成进士，世称“五子登科”。乾隆六十年（1795）举人，历任江苏萧县、铜山、江浦、无锡知县，以清廉闻名。在江浦任上，为政宽简，开浚河道、资助书院、振兴纺织工业。在无锡时，不畏豪强，严明执法。平生喜读书，晚年藏书三万卷。在家乡多行义举，常赈贫济灾，为民事奔走。著有《三礼征集》《荫余轩诗文集》。故居在文儒坊。

吾不能为子孙计，惟存心忠厚，所以资子孙者多矣。

点评：

积德行善，忠厚传家，所以为子孙计者深矣远矣。

人先立品，其次通经以致用，科名迟速，可以不计。

点评：

此读书之正道也。惜功名二字，世人难以勘破耳。

居官则期有益于地方，居乡则期有济于乡党。（以上三篇出自梁章钜《叶次幔邑侯墓志铭》）

点评：

居官无益于地方，是谓尸位素餐，不称其位。居乡有济于乡党，亦儒家兼济之道也。立志苟能如此，则必勤勉不怠，将使内外咸受其益，庶几毋忝尔所生矣。

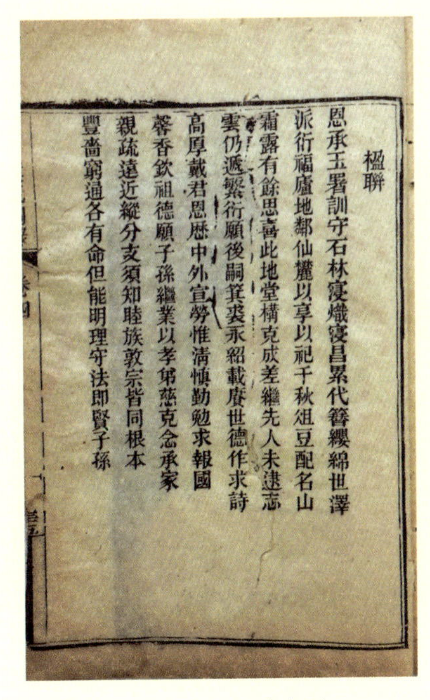

楹聯

恩承玉署訓守石林寖熾寖昌累代簪纓綿世澤

派衍福廬地鄰仙麓以享以祀千秋俎豆配名山

霜露有餘思啬此地堂構克成差繼先人未逮志

雲仍遞繁衍願後嗣箕裘永紹載賡世德作求詩

高厚戴君恩歷中外宣勞惟凊愼勤勉求報國

馨香欽祖德願子孫繼業以孝弟慈克念承家

親疏遠近縱分支須知睦族敦宗皆同根本

豐嗇窮通各有命但能明理守法即賢子孫

◎三山叶氏祠堂楹联

曾晖春

节俭 沉重 勤慎

曾晖春（1770—1853），谱名为城，字霁峰，系曾熙丙七世孙。闽县（今福州市）人。是林则徐的表兄。嘉庆六年（1801）进士，江西会昌、新建、庐陵知县，义宁州知州。后以母老退归故里。在家乡积极赞助公益事业，道光十五年（1835）亲见五子登科。有《自怡轩诗文集》《居官要言》等传世。故居在黄巷。

持己以节俭为主，接人以沉重为主，应事以勤慎为主。（《曾氏家训·居官篇》）

点评：

俭而有恭，敬而能和，勤慎则事无不成也。

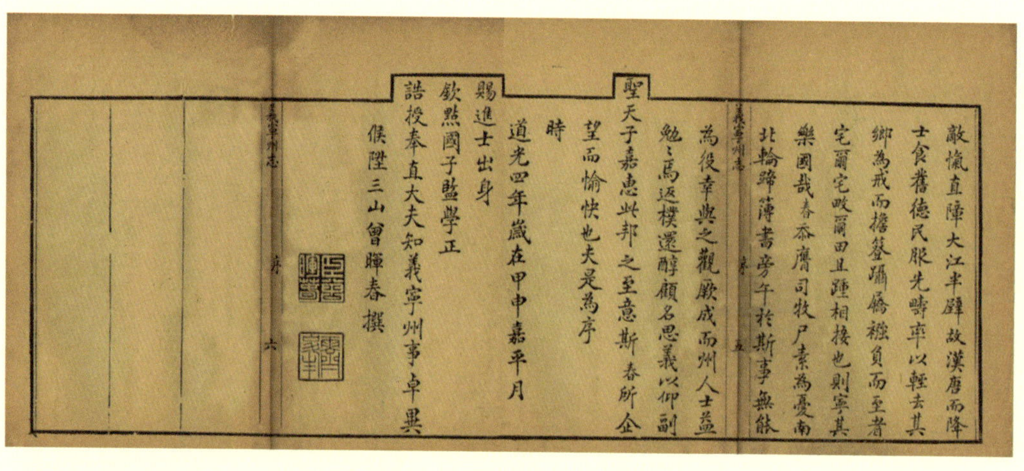
敵愾直陣大江半壁故漢唐而降
士食舊德民服先疇率以輕去其
鄉為戒而擔簦躡蹻襁負而至者
宅爾宅畋爾田且踵相接也則寧其
樂國哉春忝膺司牧尸素為憂南
北輪蹄簿書旁午於斯事無能
為役幸與之觀厥成而州人士益
勉勉焉返樸還醇顧名思義以仰副
聖天子嘉惠此邦之至意斯春所企
望而愉快也夫是為序
時
道光四年歲在甲申嘉平月
賜進士出身
欽點國子監學正
誥授奉直大夫知義寧州事卓異
候陞三山曾暉春撰

◎曾晖春手迹

◎陈寿祺画像

陈寿祺

淡泊 慎取舍 依忠厚

陈寿祺（1771—1834），字恭甫，号左海，闽县（今福州市）人。嘉庆四年（1799）进士，授翰林院编修。应浙江巡抚阮元之聘，主讲敷文书院。嘉庆十五年，奔父丧回乡，先后主泉州清源书院与福州鳌峰书院。在教学上，品行学业并重。关心乡邦建设和文化事业，倡修《福建通志》并任总纂。初治宋明理学，后专注汉学，是乾嘉之后一代经学大师。著有《左海全集》。故居在黄巷。

忠厚人之元气，淡泊儒者宗风。（林昌彝《公请陈恭甫先生入祀鳌峰名师祠》）

点评：

忠厚，善也。人而无德，何以为人？淡泊，静也。心不能静，学乃无成。

第有志乎古者，当以经义为根柢，词章为华叶。且通经则立言有物，固本末兼赅之事。群经注疏中《毛诗》、三礼尤博赡。秦汉诸子及《史记》《两汉书》《三国志》等，古经义往往散见其中，而典章文字亦无不如肉贯串。此读书精要也。（陈寿祺《左海文集》卷四）

点评：

确为卓见。通经则立言有本，不堕空疏之弊。所举十三经、前四史、秦汉诸子乃学问源泉，文章奥府，苟能及时读之，所获必多矣。

慎取舍，依忠厚，而文艺其末也。（陈寿祺《左海文集》卷九）

点评：

子曰：“志于道，据于德，依于仁，游于艺。”读书以立身为先，立身之本在于树德，忠厚之德不树，则其文必流于浮薄。

◎梁章钜画像

梁章钜

学问之道　惟虚受益
居家妙诀　无过一忍字

梁章钜（1775—1849），字茝林，晚号退庵，祖籍长乐，徙居福州。嘉庆七年（1802）进士，历任礼部主事、广西巡抚等，为官四方，以廉洁勤政闻名。道光二十一年（1841），调任江苏巡抚，带兵到上海会同陈化成抗英。平生纵览群籍，能诗善书，学识渊博，精鉴赏，富收藏，著作不辍，为清代各省督抚中著述最多者。计有《楹联丛话》等七十余种。故居在黄巷。

学问之道，惟虚受益。虚则益明，明则益虚。盖虚则好善，便可到明；明则真知，自然服善。（梁章钜《退庵随笔》卷三）

点评：

说尽虚心求学之理。

今之巧宦，有所谓不踹泥[1]者，最为可鄙。无论事之大小，总当先以是非为衡，而后计利害；又当先公家之利害，而后计及身。若全不为百姓受过，为同官分过，为上司担过，则一事不能行矣。故范文正公尝言："凡为官者，私罪不可有，公罪不可无。"真洞见症结[2]之言。（梁章钜《退庵随笔》卷五）

注释：

［1］不踹泥：形容不惹麻烦，不代人受过。

［2］洞见症结：形容观察敏锐，看到问题的关键。

点评：

可为今日官箴。必也公而忘私，劳而无怨，方可为民公仆。

居家妙诀，无过一忍字，所谓百忍堂中有太和也。古人格言，如杜牧之诗“忍过事堪喜”，司空表圣诗“忍事敌灾星”，皆是渡世慈航。（梁章钜《退庵随笔》卷十一）

点评：

忍小忿以就大和，忍之时义大矣哉。凡事能忍，方能有成。既为他人留一步，亦为自己留一步也。

温然而恭，慨然而义；忠以自勖，清以自修。

点评：

修身之良箴也。

蹈规履信，立德隆礼；根道核艺，抱淑守真。

点评：

儒家精义已被道尽，有志希圣者不可不察也。

纯和之德，仁义之操；孝弟于家，忠謇[1]于朝。

注释：

［1］忠謇：忠诚正直。

点评：

齐家治国，宜为一体。本乎仁义，何所不当？

学为儒宗，行为士表；冠乎群彦[1]，简[2]乎圣心。（以上四篇出自梁章钜《楹联丛话》卷十一）

注释：

［1］群彦：众多英才。

［2］简：知道，了解。

点评：

苟能如此，是为鸿儒。为学者不可不以此自励。

◎梁章钜楹联

◎林春溥画像

林春溥

勤习公事 俭约自矢 世守儒风

林春溥（1775—1861），字立源，号鉴塘，闽县（今福州市）人。嘉庆七年（1802）进士，授编修。林则徐、郭尚先皆拜其为师。主讲玉屏书院八年。嘉庆二十四年，任国史馆纂修，参修《一统志》。道光十四年（1834）后，回福州主讲鳌峰书院十九年。终生研习经史，随手札记，著述极富，有《竹柏山房集》。卒后入祀乡贤祠。故居在道山路怀德坊。

训子懋勋[1]

河工责任綦[2]重，习多奢侈，汝初出外任，宜勤习公事，俭约自矢[3]。吾家世守儒风，汝宜识之。（林懋勋等《翰林院编修显考鉴塘府君行状》）

注释：

[1] 懋勋：林春溥长子，字铭石，道光十六年（1836）进士，官礼部员外郎。

[2] 綦：极，很。

[3] 自矢：犹自誓，立志不移。

点评：

知责任重大，尔后不敢不慎。持身唯慎，则必去奢去泰也。今日官宦，宜稍学儒风也。

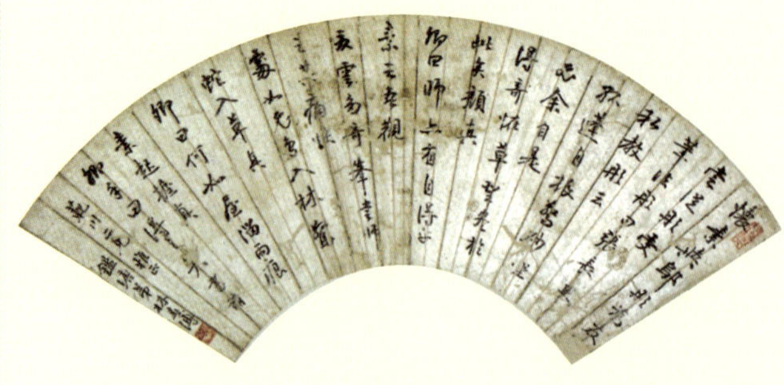
◎林春溥书法扇面

郭阶三

勿争利 勿争功 勿争名 勿争气

郭阶三（1778—1856），字介平，侯官（今福州市）人。嘉庆二十一年（1816）举人。曾任福建连城、同安县教谕。为林宾日（林则徐之父）的学生。

勿争利，勿争功，勿争名，勿争气。（郭柏荫《续嘐嘐言》卷二）

点评：

这四句实将处世之道道尽，中以“勿争气”最难。郭柏荫晚年对此四句进行引申：“不争利不为人贱，不争功不为人挤，不争名不为人忌，不争气不为人激。”可算善承父教。

福州郭氏派名

子大立志，以德时守。万世弥昌，亲则崇有。先祖肇兴，滋培良厚。图振家声，端惟[1]孝友。（郭杰昌《福州郭氏支谱》）

注释：

［1］端惟：确实只有。

点评：

孝友则家必合，树德则身必正，子孙昌炽，舍此无他。

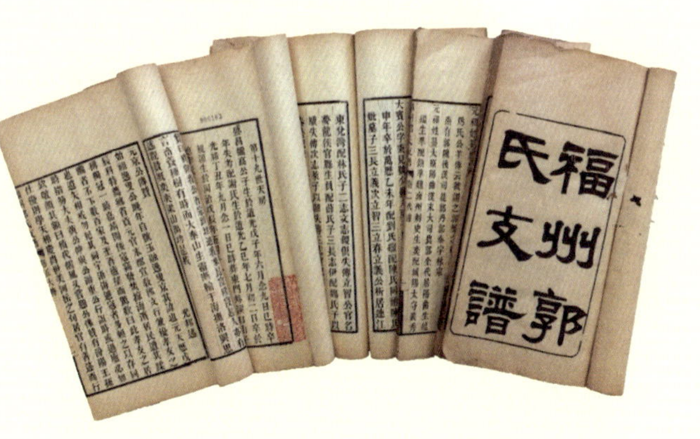

◎《福州郭氏支谱》书影

杨庆琛

年华如水莫轻抛　多财损志亦徒劳

杨庆琛（1783—1867），原名际春，字廷元，号雪椒，侯官（今福州市）人。嘉庆二十五年（1820）进士，历刑部主事、湖南按察使、山东布政使，官至光禄寺卿。道光二十四年（1844）致仕。同治三年（1864）重赴鹿鸣宴。居官鲠正，生平好读书，端品节，家计困窘而介节益坚。所著《绛雪山房诗钞》，福州名胜古迹，无不记于集中。故居在宫巷。

口占示颐、澄两儿

年华如水莫轻抛，便腹边韶[1]要解嘲[2]。多少英豪起儒素，朱门[3]原不抵蓬茅[4]。

汝父曾从困顿来，菜根嚼尽口难开。廿年风雪长安道，谁惜焦桐爨下材[5]。

回甘今日忆青箱，世味真如橄榄尝。三鼓官斋红烛影，星星照见满头霜。

多财损志亦徒劳，牛马安能为汝曹。试向层霄看唳鹤，蓬山无际五云高。（杨庆琛《绛雪山房诗钞》卷十五）

注释：

［1］便腹边韶：指满肚子学问犹如装满典籍的书簏。语出《后汉书·边韶传》。

［2］解嘲：被人嘲笑而自作解释。

［3］朱门：红漆大门。指豪强富贵之家。

［4］蓬茅：蓬草和茅草。比喻身份低微贫贱。

［5］焦桐爨下材：东汉蔡邕曾用烧焦的桐木造琴，后因此称琴为焦桐。这里比喻被埋没的人才。

点评：

寒门出路，唯有读书。困顿琢磨，终成美玉。贫不失志，岂能长贫？其父以自身说法，益觉真切感人。

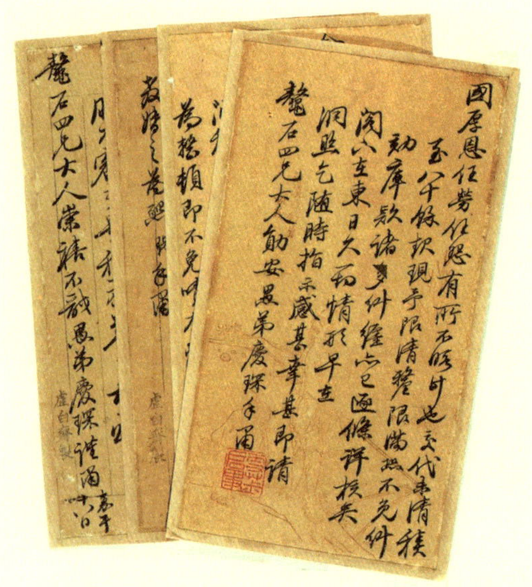

◎杨庆琛手札

◎林则徐画像

林则徐

苟利国家生死以 岂因祸福避趋之 儿孙莫负等身书

林则徐（1785—1850），字元抚，号少穆，侯官（今福州市）人。嘉庆十六年（1811）进士，历任江苏巡察使、湖广总督、陕甘总督，官至云贵总督。林则徐为官注重民生，在任上革除弊政，兴修水利，提倡农业，对赈济灾荒等不遗余力。道光十七年（1837），以钦差大臣身份前往广东查禁鸦片，取得禁烟运动的胜利，名震中外。编成《四洲志》，积极向西方学习，开新学之路。道光三十年十月卒于广东普宁县驿馆，谥“文忠”。著有《云左山房诗文钞》《使滇吟草》等行世。故居在文藻山。

赴戍登程口占示家人

力微任重久神疲，再竭衰庸定不支。苟利国家生死以[1]，岂因祸福避趋之。谪居[2]正是君恩厚，养拙刚于戍卒宜。戏与山妻[3]谈故事[4]，试吟断送老头皮[5]。

注释：

[1] 苟利国家生死以：语出《左传·昭公四年》：“子产曰：‘何害？苟利社稷，死生以之。’”

[2] 谪居：古时官吏因罪被降官调职后，居住在被调任的地方。

[3] 山妻：隐士的妻子。后多用为自称其妻的谦词。

[4] 故事：旧事，旧制。

[5] 断送老头皮：断送了老头的性命。借指被官事所束缚，不能自由自在地生活。

点评：

胸次洒落，宠辱不惊。绝无怨尤，乃心王室。迹其生平，无愧此语。

林氏支祠联

知先人之在此堂，毋忘手泽[1]；愿后嗣克[2]承厥[3]训，善种心田[4]。

注释：

[1] 手泽：原指手汗沾润，后借指先人遗物。

[2] 克：能够，胜任。

[3] 厥：其。

[4] 心田：佛教称内心为“心田”。

点评：

毋忘手泽则知孝，善种心田乃树德，孝德成而宗社大矣。

◎林则徐楹联

自题厅堂

海纳百川，有容乃大[1]；壁立千仞[2]，无欲则刚[3]。

注释：

[1] 有容乃大：语出《尚书·君陈》：“必有忍，其乃有济；有容，德乃大。”

[2] 壁立千仞：仞，古代以七尺或八尺为一仞。形容岩壁矗立之势极高。语出晋张载《剑阁铭》：“是曰剑阁，壁立千仞，穷地之险，极路之峻。”

[3] 无欲则刚：《论语·公冶长》：“子曰：‘吾未见刚者。’或对曰：‘申枨。’子曰：‘枨也欲，焉得刚？’”

点评：

志士仁人立身之格言也。

◎林则徐楹联

自题书室

师友肯临容膝地，儿孙莫负等身书。

点评：

此联系林公自撰书，悬于文藻山七十二峰楼楼柱。用以告诫儿孙珍惜光阴，笃志博学。联语平白如话，语重心长，真切地表达了一位饱经风霜老人的殷殷之心。

家少楼台无地起，案余灯火有天知。（以上五篇出自《林则徐全集》第六册）

点评：

为学须勤苦，以天不可欺也。耕耘多少，即收获多少，可不勉欤？

家书

去秋知尔游于庠，甚喜。……又尔敦行立志，向学不倦，将来成就当远且大。勉之。读书作文之道，其先当因类以求之。始能读，次能记，次能用。常读始能记，常记始能用，故口诵、目览、手抄，则下笔汩汩[1]然来，自有汁浆也。……吾家藏书最多，一意在于是，三年当可观也。（《林则徐全集》第七册）

注释：

［1］汩汩：水急流的样子，比喻文思泉涌。

点评：

读书、诵书、抄书实为治学为文不二之妙

法，古人皆从事于斯，凌廷堪抄十三经至六七通，张溥自颜其斋曰“七录斋”，陈懋恒在北京大学就读时已能背诵十一经，故能优游案衍，下笔不竭。今人畏其难而不为，是以学无所本。老子曰：“吾言甚易知，甚易行。天下莫能知，莫能行。”此之谓也。

家书

枢官[1]此次寄来文字，比前次却有进境，其字句累坠[2]不清者固多，然遇题尚有生发，不至十分干窘，阅之颇喜。至所作诗文，总须自写，乃阅所寄各篇，都是柴芳、云昭所写，此是先生改本，并非另录，岂竟全不自写，直令伊等代笔耶？如此懒惰，即其不肯用功可知。年轻之人写字岂是难事？我从前所读文章，每夜常背录三五篇，今汝有家人代抄读本，尚不足意[3]，而自作者又付伊等誊清，则难保所作诗文亦系别人代作，均不可定。果有志向，首以戒懒为要，切切，切切。（《林则徐全集》第八册）

注释：

［1］枢官：林拱枢，林则徐第四子。

［2］累坠：累赘，多余。

［3］足意：满意。

点评：

韩昌黎曰：“业精于勤，荒于嬉。”为学之道，不外戒懒戒躁，懒则必疏，躁则不达，不可不慎也。

十无益

存心不善，风水[1]无益。不孝父母，奉神无益。兄弟不和，交友无益。行止不端，读书无益。心高气傲，博学无益。作事乖张，聪明无益。不惜元气，服药无益。时运不通，妄求无益。妄取人财，布施无益。淫恶肆欲，阴骘[2]无益。（拓片）

注释：

［1］风水：一种认为房屋或坟地的方向以及周围的地脉、山势、水流等能决定吉凶祸福的传统见解，常用于兴建房舍或埋葬死者。也叫“堪舆”。

［2］阴骘：暗中使安定。引申为默默行善的德行。语出《尚书·洪范》：“惟天阴骘下民，相协厥居。”也称为“阴德”“阴功”。

点评：

凡事当内省而不可外求，苟能正身寡欲，宽以待人，以圣人之道律己，则福禄必多，何须外求也？

◎余潜士画像

余潜士

志切则功自勤
学是终身切己事

余潜士（1786—1854），字时缵，号耕村，永泰人。道光六年（1826）举人，会试不第归乡后，就读于鳌峰书院，潜心研读小学和宋五子之学，尤推崇朱熹学说，曾参加林敬庐、陈惕园等的“讲学会”活动，长期在福州魏杰寿泉精舍授徒。著有《耕村全集》。故居在宫巷。

寄示兄子习昌[1]书

学问之途，莫先立志。志在圣贤，则为圣贤门中人；志在科名，则为科名路上人。志切则功自勤。汝年已长大，宜何如猛省也。日间读经书多少，必须自立一定课程。看汝平时悠悠泛泛过日，不知所志何在，果何时方能发愤也。人前说健话白睚[2]无益，要须背后刻苦加工，不甘居人下。外面只管谦逊虚受，方为真读书也。我阅人颇多，见躁妄粗浮者，所学必有限；见静默端正、谦让诚实者，多成远大之器。思之思之，学是终身切己事，己不着力，他人能代为之否耶？此吾之所深忧者也。（《余潜士全集》）

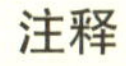

注释：

［1］习昌：余潜士胞兄余时鉴之子。

［2］白睚：逍遥偷懒。

点评：

观夫读书不勤者，皆无志向或志而不高之徒也。果有大志，必有动力，不敢丝毫懈怠。故求学立志不可不切，他事亦然。

赵 新

恻隐念头 羞恶念头
辞让念头 是非念头

赵新（1802—1876），字又铭，闽县（今福州市）人。咸丰二年（1852）进士，授庶吉士。同治五年（1866），充册封琉球国王正使。翌年十月，补授陕西督粮道。关陇间流民遍地，赵新上任数年，加强治安，恢复生产，振兴关中书院，兴修龙洞渠、霸桥等工程。光绪初年（1875），闽中发洪水，修书令其子捐万金助赈。光绪二年辞归，病卒。著有《还砚斋全集》。故居在黄巷。

当下动一恻隐念头，此便是民胞物与[1]的好处；当下动一羞恶念头，此便是忧勤惕厉[2]的好处；当下动一辞让念头，此便是不伐不矜[3]的好处；当下动一是非念头，此便是能举能错[4]的好处。（赵新《还砚斋文集》卷一）

注释：

［1］民胞物与：视人民如同胞，视动物如同类。比喻博爱。宋张载《西铭篇》：“民吾同胞，物吾与也。”

［2］惕厉：警惕，戒惧。《周易·乾卦》：“君子终日乾乾，夕惕若厉，无咎。”

［3］不伐不矜：不自以为了不起，不为自己吹嘘。形容极其谦逊。

［4］能举能错：举，拿起来；错，放置。

点评：

此四者，源于孟子“四端”之说。苟能行之不疑，是守道以行仁义也。远之治国，近之立身，无不成矣。

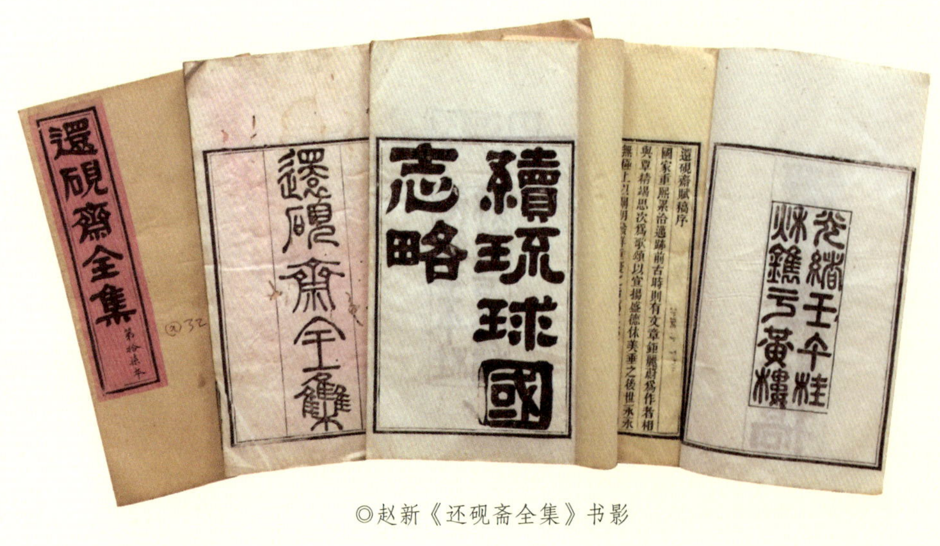

◎赵新《还砚斋全集》书影

林昌彝

明善改过 利物济人
毋虑不足而多取一钱

林昌彝（1803—1876），字惠常，一字芗溪，侯官（今福州市）人。道光十九年（1839）举人。鸦片战争爆发，写成《平夷十六策》及《破逆法》四卷。咸丰三年（1853）四月，向清廷进呈《三礼通释》二百八十卷，赐官教谕。先后任福建建宁、邵武教谕。后辞职回乡，授徒自给，闭门著述。著有《射鹰楼诗话》《海天琴思录》《小石渠阁文集》等。故居在宫巷。

昔人谓积钱与子孙，恐子孙不能守；积书与子孙，恐子孙不能读；不如积善于冥冥之中，而默受其报。即不以善恶论，而明善改过，利物济人，亦吾儒分内之事。若必锱铢较量于修德获报之说，抑末矣。（《林昌彝诗文集》）

点评：

积善图报尚存功利之心，如此修身，终属无益。为子孙积德何如教子孙修身行善，自蓄其德，则终身受用无尽。

毋赌博，毋宿娼，毋吃洋烟，毋交便辟善柔[1]之友，毋虑不足而多取一钱，毋恃有余而多用一钱。（林昌彝《砚桂绪录》卷十一）

注释：

[1] 便辟善柔：便辟，善于迎合他人。善柔，善以和悦或柔媚的情态诱惑人。语出《论语·季氏》：“友便辟、友善柔、友便佞，损矣。”

点评：

行此六者，唯在一“慎”字而已。

人须立品，立品则有所不为。余尝有句云：“读书万卷不立品，白日当空无人影。”将乐梁君彣[1]见之曰：“此至言也。”（林昌彝《砚桂绪录》卷十二）

注释：

[1] 梁彣：字维韬，将乐人。陈寿祺弟子。讲心性之学，实践暗修，人称“月山先生”。著有《月山遗书》。

点评：

读书自以立品为首要之务，品行不正，读书再多，亦无用也。

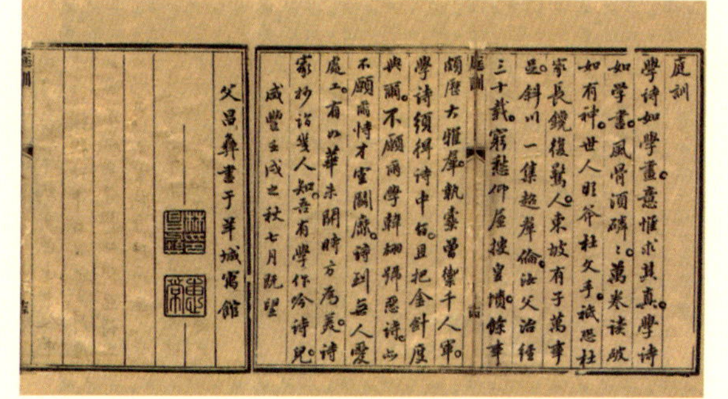

庭訓
學詩如學畫。意惟求其真。學詩
如學書。風骨須磷磷。萬卷讀破
如有神。世人非斧杜父手。祇恐杜
家長饒復驚人。東坡有子萬事
足。斜川一集超群倫。汝父治經
三十載。窮愁仰屋捜皇墳。餘事
學詩須得詩中旨。且把金針度
與爾。不顧兩學辭細[illegible]思詩。必
不顧兩侍才宜關。詩到無人愛
處工。有如華未開時方為美。詩
家妙諦幾人知。吾有學作吟詩兒。
咸豐壬戌之秋七月既望
父昌彝書于羊城寓館

◎林昌彝训子诗

郭柏荫

不可浮华 不敢存暴殄之心 不徇欲在乎常惺惺

郭柏荫（1807—1884），字远堂，侯官（今福州市）人。清道光十二年（1832）进士，授翰林院庶吉士，升编修。历任浙江道、山西道。转京畿道，监察御史。升刑部给事中。道光二十三年回乡，历主清源、紫阳、鳌峰等书院。奉命办理本省团练，升员外郎、郎中。同治元年（1862），入曾国藩军幕，屡升至代理湖广总督、巡抚。光绪元年（1875），辞职回福州，后再主鳌峰书院讲席。为官清廉且有善政。著有《天开图画楼文稿》《嘐嘐言》等。故居在黄巷。

家书

养廉[1]仅敷一月之用，又不能不筹画顾家，故我自己衣服、居处一切从俭，汝兄弟当知此意，不可浮华。（郭则沄《旧德述闻》卷三）

注释：

［1］养廉：清制，官吏于常俸之外，规定按职务等级每年另给银钱，曰“养廉银”。

点评：

尚俭非因贫穷之故，乃所以养其德也。故虽权压梁窦、富比陶朱，亦当以俭朴持家。

清、慎、勤三字，居官要言。余谓三字之中，以慎为本。惟慎则不敢不清，惟慎则不得不勤，不特居官宜然，即修身齐家，亦少此字不得。（郭柏荫《嘐嘐言》卷一）

点评：

有所戒惧，则不得不慎，盖君子有所畏也。慎乃修身之要务，身不修不可以齐其家，家不能齐则安能久居其官、为民父母？故慎之为务，宜当贯彻始终。

恕之一字，不特处世宜然，即闺门妻子之间，亦不可不常存此念。

点评：

闺门之间而不能恕，则必不能谐。夫妻不谐，家门必败。曾子曰：“夫子之道，忠恕而已。”不可不慎也。

家庭骨肉间，恩胜于义，必硁硁[1]然计较短长，便与外人无异。

注释：

［1］硁硁：鄙陋而顽固的样子。

点评：

齐家主和，锱铢必较，是见利忘恩，非所以和也。

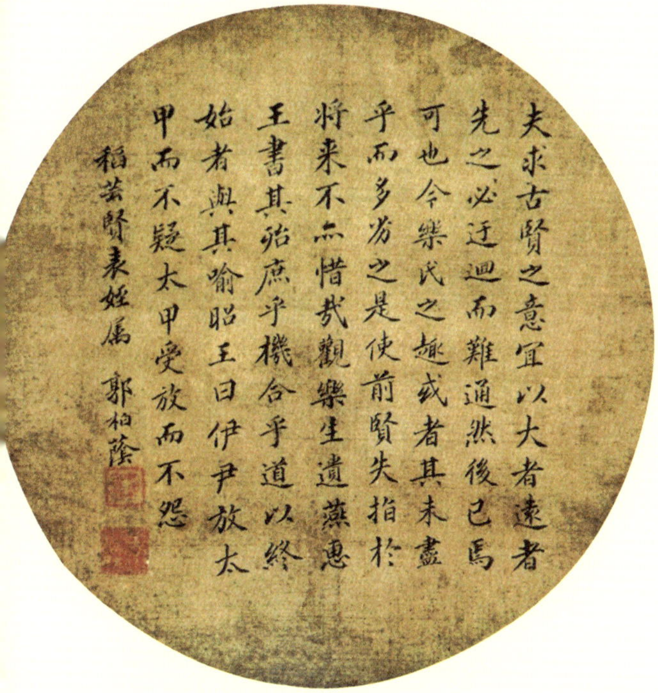

◎郭柏荫书法团扇

事有愈急愈不成者，言有愈说愈不明者，心有愈用愈不灵者，能知静耐片时，便自头头是道。

点评：

躁竞往往适得其反，全由心不静而神不宁，急则生乱。不若清心寡欲，静待其成。

盛怒时退一步，不惟全己，亦以全人。（以上四篇出自郭柏荫《嘐嘐言》卷二）

点评：

怒火攻心之际，鲜能设想后果而退让者，平常须宽以待人，严以律己，知怒之为害，及时制止。

吾辈所不及古人者，只为从前立脚不定，颓惰自安耳。能自今日为始，竖起脊梁，力求上进，则后此之年，皆可以有为之日，虽古人能量其所至耶?

点评：

往不可追，来犹可为。若一味颓废自任，则终身尽误矣。炳烛之明，终胜昧行，亡羊补牢，为时未晚，若能“立定脚跟撑起脊，展开眼界放平心”，则庶几矣。

大凡身外之物，骤得之亦似可喜。然不如理义之趣，愈淡而愈有味，愈久而愈不能忘也。

点评：

盖身外之物，只为炫俗饰己，其实与己心全无关涉也。故得之疾而去之也速。理义则时时温习，胜义纷披，终身以之，受用不尽。其心所得，人亦不能攘夺也。

子弟循循上进，人之称之者，必并赞其父兄；子弟日习下流，人之议之者，亦必并斥其父兄，败名即以辱亲，可不惧哉！可不慎哉！

点评：

人之处世，非独个体一人，乃系全家声誉。知所以辱亲，则必戒惧惕厉，无敢懈怠，亦为孝之道也。

家用之物，以常见不足为妙。要使子弟知货力艰难，不敢存暴殄[1]之心，所以养其福基者甚大。

注释：

［1］暴殄：不爱惜，任意糟蹋。

点评：

艰难困苦，玉汝于成。子弟知稼穑之艰难，而后无逸；忧货物之不继，而后无奢。必处忧患之中，然后成人。

修身以不徇欲[1]为最要，不徇欲在乎常惺惺[2]，常惺惺者，圣贤所以存心之道也。（以上五篇出自郭柏荫《嘐嘐言》卷四）

注释：

［1］徇欲：顺从欲望。

［2］惺惺：清醒的样子。

点评：

检身之法，莫如“常惺惺”，唯“常惺惺”而后能寡过。

省思虑以蓄智，寡嗜欲以存仁，定心气以养勇。

点评：

行之苟有恒，久久自芬芳。

君子处事接人，要使和中有介[1]，若只一味圆光，其始不过通融[2]，其渐必成油滑。（以上两篇出自郭柏荫《嘐嘐言》卷五）

注释：

［1］介：耿介，节操。

［2］通融：变通、不拘执，有破例迁就，予人方便之意。

点评：

介者，操持、原则也。夫智欲圆而行欲方，和而无介，则必成油滑，介而不和，则近乎苛刻。故此言足为警钟。

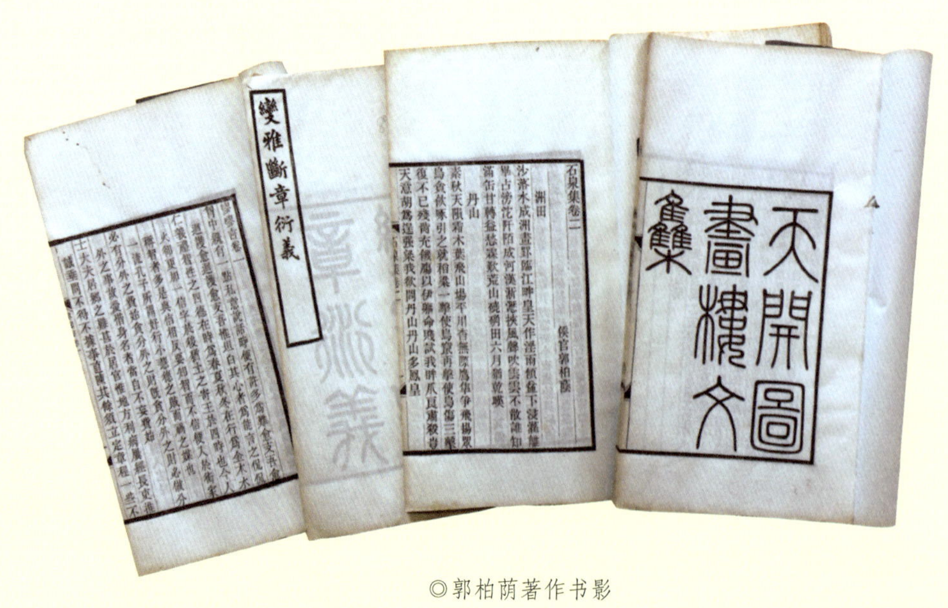

◎郭柏荫著作书影

少时见老辈处事接人，有近于拘泥者，有过于包荒[1]者，心窃异之。及长而经历世故，乃知其近于拘泥者，有不能不避之嫌疑也。其过于包荒者，有不得不留之余地也。后生小子，切勿轻议老成[2]。

注释：

［1］包荒：包含荒秽。比喻掩饰、遮盖。

［2］老成：年高有德的人。

点评：

事非经过不知难，后生当以敬慎为务。

凡事总不可做到十分，如一身之精神，一家之用度，亲朋之情分，僮仆之勤劳，皆当留其分量，勿令竭尽无余。

点评：

竭尽无余，莫非寡情刻薄所致，终令自己无余地可行也。

多藏取败，多欲取亡，多能取忌，多疑取诳[1]，多言取憎，多事取厌。（以上三篇出自郭柏荫《续嘐嘐言》卷三）

注释：

［1］诳：欺骗。

点评：

此六多，当谨记并切身践行。

人之谤我者愈张[1]，我之检身也愈切，人之伺我者愈密，我之省过也愈微。恶石之益，愈于美疢多矣[2]。（郭柏荫《续嘐嘐言》卷四）

注释：

［1］张：放纵，无拘束。

［2］恶石之益，愈于美疢多矣：恶石，治病的石针。再容易治愈的病也不如治好病的烈药和砭针。比喻顺从逢迎不如严肃的批评。语出《左传·襄公二十三年》：“臧孙曰：‘季孙之爱我，疾疢也；孟孙之爱我，药石也。美疢不如恶石。’”

点评：

弭谤之法，莫若自修其身。

王有龄

心思愈用而愈灵
精神愈磨而愈出

王有龄（1810—1861），字雪轩，侯官（今福州市）人。历任知县、同知、知府，后为江苏按察使、布政使。咸丰十年（1860），率兵救援杭州，升任浙江巡抚，调兵对抗太平军。翌年，常山、金华等地被太平军攻占，王有龄被革职留任。上奏请任命李元度为按察使，招募湘勇入浙。后李元度至龙游遇阻，王有龄受困于杭州。城破后自缢死。故居在塔巷。

族房亲疏有别，自我祖宗视之，皆子孙也。吾一家饱暖，彼则饥无食，寒无衣，吾祖吾宗，其能安乎？

点评：

老吾老以及人之老，幼吾幼以及人之幼，况同族乎？苟以亲疏自画，未免褊隘矣。

俭可助廉，且惜财，正所以惜福耳。

点评：

俭以养德，即此之谓也。

心思愈用而愈灵，精神愈磨而愈出，怠惰因循，不但丛脞[1]堪虞[2]，而适以昏其神智耳。

（以上三篇出自王楙云等《侯官王壮愍公年谱》）

注释：

［1］丛脞：琐碎，杂乱。

［2］虞：忧虑。

点评：

所谓“圣益圣，愚益愚”，圣人之所以能圣者，乃在能勤学不辍耳。是故欲成大事者，首去其怠，持之不懈，终能有成也。

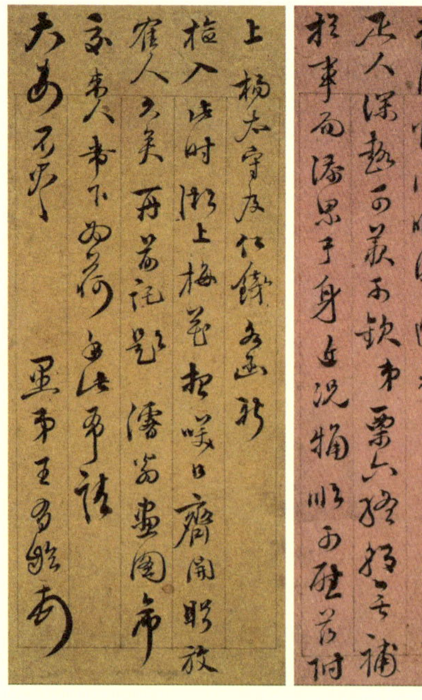

◎王有龄手札

郭柏苍

躁竞者死于功名
老觉人间事 多从朴拙成

郭柏苍（1815—1890），谱名弥苞，字蒹秋，侯官（今福州市）人。系郭阶三第四子，为福建博物学家。道光二十年（1840）举人。长期乡居，承揽盐税，曾主持修建福州南城，疏浚城濠；浚通三元沟、七星沟，疏浚怀安、洪塘、濂浦诸河。酷好藏书，对天文、地理、河运，特别是福建的山川、风土、物产、人文、史迹等皆有研究。主纂《乌石山志》，著有《闽产录异》《海错百一录》等。故居在文儒坊。

功课何必泥定章程[1]，除眠食外不作无益，便是章程。

注释：

[1] 章程：指读书的计划和时间安排。

点评：

读书乃终身之事，道不可须臾离也。若按章程而学，则章程之外又岂可懈怠乎？昔欧阳修读书属文于三上之间，古人读书于三余之时，皆以暇豫，分秒必争，务以有涯之生，不作无益之事。故真读书者，随时随地皆读书之时也。

受不得一点委曲，既不济事，亦不成人[1]。

注释：

[1] 成人：成为德术兼备的才人。

点评：

人生不如意事十之八九，所贵处之泰然。于彼之时，正见其人胸襟气量何如也。

逸者，劳之余；不劳，无逸也。

点评：

所谓“一劳永逸”，未有不劳而逸者，不劳而逸，是为懒漫，灾必逮夫身。

要事先一番检点，省得事后百般弥缝[1]。一番检点，放手便是完全；百般弥缝，到底还有破绽。

注释：

[1] 弥缝：补合，遮掩缺失。

点评：

事后翻悔，不如事前谨慎，以期无虞。

要看破，须认真；未认真，如何先看破？

点评：

确为至论。盖事有未经过而不知者，未认真从事，则不知其中利弊、甘苦，更无从看破矣。

◎郭柏苍《我私录》书影

事事钻营到头，方知成败有天，回思，赘[1]矣晚矣。

注释：

［1］赘：多余无用。

点评：

心思不可过用。

躁竞[1]者死于功名，浮动者陷于机械[2]。

注释：

［1］躁竞：急于进取和争竞。

［2］机械：巧诈多机心。

点评：

浮躁生于心虚，心虚则蔽明。利欲熏心，求速反迟。是以君子守道以待时，清心而寡欲，则浮躁去而灾祸免矣。

处处求便宜，用了这多心机，已处处不便宜。（以上八篇出自郭柏苍《我私录》）

点评：

过用心思，务求便宜，全因侥幸聪明，自以为是，以求利益。不知天道好还，徒使枉费心机。心劳力拙，所得竟远不如所失也。

调昌[1]往官莆田训导[2]书此勖之

冷官[3]何所营，末俗任讥评。可计斋头米，无穷堂上情。酒开清净月，书坐短长更。老觉人间事，多从朴拙成。

注释：

［1］调昌：郭柏苍侄子。

［2］训导：职官名。明、清于府设教授，州设学正，县设教谕，职司教育学生。其副职皆称为“训导”。

［3］冷官：清闲、地位不重要的官职。

点评：

冷官清贫，处之泰然。更以读书、朴拙相勉，盖以大器期之。浩然之气，殷勤之情，无不跃然纸上。

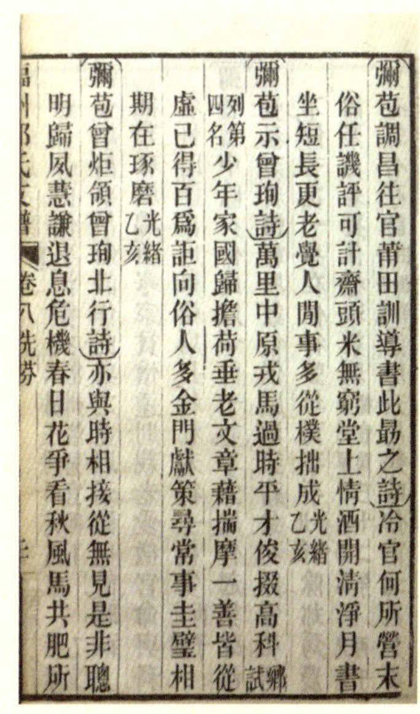

彌苞調昌往官莆田訓導書此勗之詩冷官何所營末
俗任譏評可計齋頭米無窮堂上情酒開清淨月書
坐短長更老覺人間事多從樸拙成光緒乙亥
彌苞示曾珣詩萬里中原戎馬過時平才俊掇高科鄉試
列第四名少年家國歸擔荷垂老文章藉揣摩一善皆從
虛已得百爲詎向俗人多金門獻策尋常事圭璧相
期在琢磨光緒乙亥
彌苞曾炬領曾珣北行詩亦與時相接從無見是非聽
明歸夙慧謙退息危機春日花爭看秋風馬共肥所
福州郭氏支譜 卷八 先芬

◎郭柏苍示子侄诗

示曾珣[1]

万里中原戎马过，时平才俊掇高科[2]。少年家国归担荷[3]，垂老文章藉揣摩。一善皆从虚己[4]得，百为讵向俗人多[5]。金门[6]献策寻常事，圭璧相期在琢磨。（以上两篇出自郭杰昌《福州郭氏支谱》卷八）

注释：

［1］曾珣：郭曾珣，郭柏苍侄孙。时（光绪元年，1875年）乡试中第四名。

［2］掇高科：掇，拾取。指考试名列前茅。

［3］担荷：承担，担负。

［4］虚己：虚心，不自满。

［5］多：赞许，夸耀。

［6］金门：即金马门，汉代宫门。门旁竖有铜马，故称为“金马门”。汉武帝曾使学士待诏于此。

点评：

家国文章，皆不相负。而以虚己纳善、谦冲自牧为诫，以久经琢磨、克能美玉相期。读其诗，想见其为人。

◎沈葆桢画像

沈葆桢

家庭恩爱在至诚
愿汝有数句圣贤言语往来胸中

沈葆桢（1820—1879），原名振宗，字幼丹，侯官（今福州市）人。道光二十七年（1847）进士，咸丰中任江西九江、广信知府、江西巡抚。同治六年（1867）任总理船政大臣，主持福州马尾船政局，培养出一批优秀的科技人才和近代海军人才。同治十三年，巡视台湾，处理中日交涉兼办各国通商事务，多有建树。光绪三年（1877）九月，升任两江总督兼通商大臣，任内整顿吏治，兴利除弊，关心民瘼，政绩彰显。卒谥“文肃”。著有《沈文肃公牍》《夜识斋剩稿》《沈文肃家书》等。故居在宫巷。

敬纫二妹[1]如晤：……三弟妇初学理家，吾妹有见到之处，务须明白指点，身为冢妇[2]，承家本其专责，任劳任怨，俱无可辞。家庭恩爱在至诚，不在外貌，分如是，合亦如是也。

注释：

［1］敬纫二妹：林普晴，字敬纫，林则徐次女，沈葆桢妻子。

［2］冢妇：嫡长子的妻子。

点评：

亲爱至诚，则家虽分而实一体也。

笃初四弟[1]如晤：……父亲既不愿服药，勿过勉强，转生焦急。……晨昏定省，吾弟之责，总以先意承志[2]，使老人心神畅顺，则病自渐瘥[3]，勿徒强以所不欲也。禾、彤辈须教以留心侍奉，尤不可以任性，勿为致老人暗自郁闷，切切。

注释：

［1］笃初四弟：沈辉宗（1826—1893），字笃初，咸丰九年（1859）举人，历任长汀、尤溪教谕。

［2］先意承志：不等父母表明意愿，就能事先顺应他的心意去做。《礼记·祭义》：“君子之所为孝者，先意承志，谕父母于道。”

［3］瘥：病愈。

点评：

敬奉老人，先意承志。劳心谆谆，唯恐有失。如此细心具体，其孝养可知。

丹孙吾儿[1]知悉：……此时说勤俭二字，甚似迂谈，汝辈少读书，日驰逐于庸耳俗目间，必不以为可信。汝辈身齿[2]尚稚，生不逢辰，将来必有身临患难之一日，始悟言之不妄也。……功名得失不足介意，即八股试帖亦无关紧要，四书五经不可暂离，《纲鉴》[3]及先贤格言亦须时时留意，世风日下，再无数句圣贤语言在胸中，便成无所不至之小人，可惧也。作字须检点，来信“松”误作“鬆”字，“典”误作“点”字，外人见之皆成笑柄。见人须认真请教，尤不可自讳所短[4]。

注释：

［1］丹孙吾儿：即沈玮庆。

［2］身齿：年龄。

［3］《纲鉴》：这里当指《纲鉴易知录》。

［4］自讳所短：畏忌别人说自己的短处。

点评：

俭以养德，非徒为货力计也。读书以立身为主，功名尚在其次，勤俭、谨慎、谦逊，皆立身之事也，故信中尤为突出。

丹孙阅之：……俭是自己的事，省事则自然省费。至外间账目须随时清还，不可只图自己便宜，忠厚非奢，刻薄非俭也。我欲汝读书者非急汝功名，愿汝有数句圣贤言语往来胸中，不致堕入流俗恶习耳。随时随地皆可读书，我目下羽檄填委[1]，尚未废书。当家亦当总其大纲，至米盐油醋中馈[2]事，媳妇能之矣。

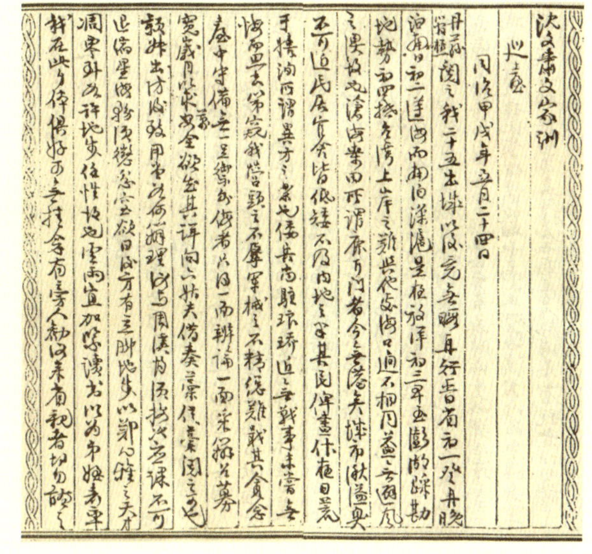
沈文肃公家训

同治甲戌年五月二十四日

◎沈葆桢家书

注释：

［1］羽檄填委：比喻军务繁忙。

［2］中馈：指家中烹饪、供应食物之事。《周易·家人卦》：“六二：无攸遂，在中馈，贞吉。”

点评：

“忠厚非奢，刻薄非俭”，真警句也。读书无定所，随时随地可以为之，亦孙权所以劝吕蒙也。

管樵、莲溪知悉：……熟读经史，返而求于心，则嬉笑怒骂皆入文章，无往非真趣，若只视为骗功名事，则拾人牙慧，与心何涉？……兄弟辈惟汝二人尚有志向学，其拓开见地，勉之，勉之。字须临帖，不可一日废也。

点评：

流傍门户，不如反求经史，经史熟则学有所本，辞章又何足道哉？所惜沉酣经史非一日可成，故人往往躁竞不为也。

云儿阅之：……我所望于汝者，读书立品耳。倘来之物[1]，何足介意。谓不足以慰我，误矣。我甚不欲汝等沾染捐字。汝既不肯自专，以父命为重，我若不以正告汝，是大负汝一腔孝谨之心。……读书志在圣贤，豪杰且不足为，他何论焉。无坚忍二字，天下事一点担当不来；无特立独行之思，则步步落人圈套。能于书中寻出安身立命境界，炎凉世态岂足撄[2]吾心哉。

注释：

［1］倘来之物：无意中得到的或非本分所应得的东西。《庄子·缮性》：“物之倘来，寄也。”

［2］撄：扰乱，纠缠。

◎沈葆桢楹联

点评：

此篇论读书之道极为超卓，不愧为一代名宦也。今人多不知读书何用，观此篇所言亦庶几明矣。

玮儿阅之：……总之，钱有余则为害。做官之钱尤不宜有余，其中必有冤孽也。此辈闻此等事，当生警惕心。谚曰：毋过乱门。切勿轻易插入调处也。

点评：

居官者闻之，当惕然于心。

桃、雨阅之：……少年宜学俭，有福留晚年享之。多读书，少见客，则靡丽纷华无自入，亦正本清源之一术也。（以上八篇出自沈吕宁、沈丹昆《沈葆桢家书考》）

点评：

俭而后安，劳而后逸。正本清源，与圣贤为伍，乃能立身成人。

陈承袠

勿躁进 勿诡随 勿瞻顾

陈承袠（1827—1895），字孝锡，号子良，闽县（今福州市）人。咸丰二年（1852）进士，以主事任用，分刑部浙江司行走。后请假归里，立志服务桑梓，居家四十年，乐善好施。生六子皆登科，人称“父子四进士，兄弟六科甲”。长子陈宝琛为末代皇帝溥仪之师。故居在文儒坊，为国家级文物保护单位。

勿躁进、勿诡随[1]、勿瞻顾[2]。

注释：

［1］诡随：不顾是非而妄随人意。《诗经·民劳》：“无纵诡随，以谨无良。”

［2］瞻顾：瞻前顾后。形容有所顾虑，犹豫不决。

点评：

躁进则不能达，诡随则无所自立，瞻顾则不能果也。

吾少常慕范文正[1]之所为，今老矣，汝勿以小善为无益也。当今急务，亦孰有先于教养者？

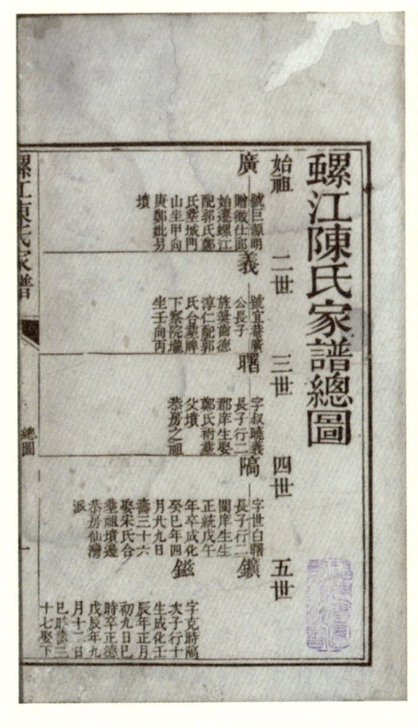
螺江陳氏家譜總圖
始祖 二世 三世 四世 五世

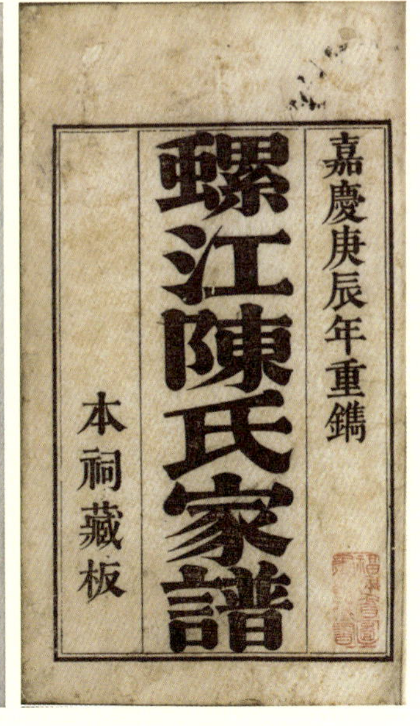
嘉慶庚辰年重鐫
螺江陳氏家譜
本祠藏板

◎《螺江陈氏家谱》书影

注释：

［1］范文正：范仲淹（989—1052），字希文，谥文正。苏州吴县人。北宋政治家、文学家、军事家。有《范文正公集》。

点评：

教养为立身之本，苟慕范文正之人，则必效其行，欲效其行，必先具其涵养，盖其所自树立者然也。故以教养为先务。

忠孝只佳名，非愚无以尽实际；聪明原美质，守正方不入歧趋。

点评：

忠孝当笃诚，聪明当用于正途。语简意丰，下联尤警醒，实立身处世之良箴。

创业历艰辛，安享当思能负荷；处盈防满溢，吃亏还算占便宜。（以上四篇出自陈宝琛《先光禄公行述》）

点评：

读之当惕然心警，凡事以去贪为戒。贪逸贪利，俱取祸之道也。

李作梅

恪守家风 克昌厥后
敬承儒业 志在修齐

李作梅（1827—1881），谱名长亨，字子嘉，一字用之，闽县（今福州市）人。清监生，候选员外郎。是沈葆桢的亲家，富收藏，乐善好施，其子李端（江苏补用道）为沈葆桢的长女婿。民国商务印书馆总经理李宣龚是其曾孙。故居在光禄坊光禄吟台。

福州李氏支谱派名

聿[1]向祖功，念兹孝友。恪守家风，克昌厥后。敬承儒业，志在修齐[2]。衍传心法，有耀于前。（李宗言《福州李氏支谱》）

注释：

[1] 聿：句首助词，无意义。

[2] 修齐：修身，齐家。修身，涵养德性，以淑善其身。齐家，整治家政，使其亲爱和睦。

点评：

夫人修谱莫不欲彰其祖功，以为后式，诗云：“无念尔祖，聿修厥德。”修德之本在于孝友，苟能孝友，必能齐家。身修家齐而儒业治，则子孙必昌矣。故其说一以贯之。

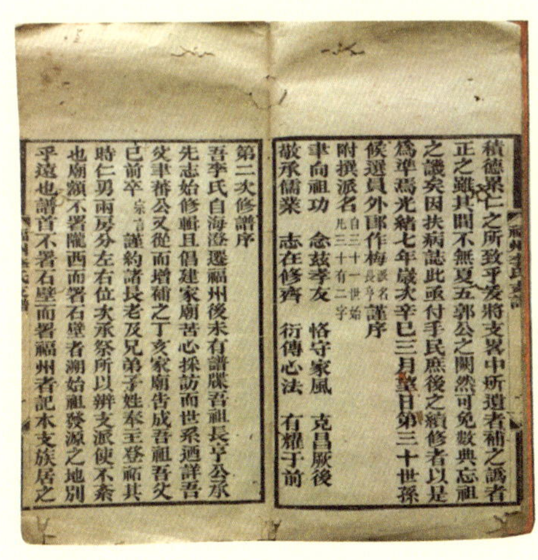

積德累仁之所致乎爰將支署中所遺者補之譌者正之雖其間不無夏五郭公之闕然可免數典忘祖之譏矣因扶病誌此並付手民庶後之續修者以是為準焉光緒七年歲次辛巳三月望日第三十世孫候選員外郎作梅（派名長亨）謹序

附撰派名（自三十一世始凡三十有二字）

聿向祖功　念茲孝友　恪守家風　克昌厥後
敬承儒業　志在修齊　衍傳心法　有耀于前

第二次修譜序

吾李氏自海澄遷福州後未有譜牒吾祖長亨公承先志始修輯且倡建家廟苦心採訪而世系迺詳吾父聿蕃公又從而增補之丁亥家廟告成吾祖吾父已前卒（宗言）謹約諸長老及兄弟子姓奉主登祏其時仁勇兩房分左右位次承祭所以辨支派使不紊也廟額不署隴西而署石壁者溯始祖發源之地別乎遠也譜首不署石壁而署福州者記本支族居之

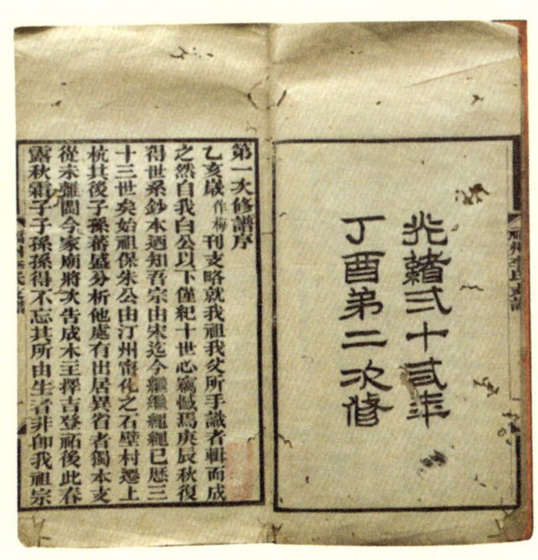

光緒弍十弎年
丁酉第二次修

第一次修譜序

乙亥歲（作梅）刊支略就我祖我父所手識者輯而成之然自我白公以下僅紀十世心竊憾焉庚辰秋復得世系鈔本迺知吾宗由宋迄今緜緜繩繩已歷三十三世矣始祖保朱公由汀州寧化之石壁村遷上杭其後子孫蕃盛分析他處有出居異省者獨本支從未離閩今家廟將次告成杢主擇吉登祏後此春露秋霜子子孫孫得不忘其所由生者非仰我祖宗

福州李氏支譜

◎《福州李氏支谱》书影

◎陈书像

陈 书

勿动率常 平等过日 不必有意取乐

陈书（1838—1905），字伯初，号木庵，侯官（今福州市）人。光绪元年（1875）举人，任直隶博野知县。陈书是陈衍的长兄，大半生以课徒、游幕为生，工诗，天才超逸，诗风以王维、白居易、苏轼为近，其书法娟秀，又善画山水。著有《木庵居士集》。

勿动率常[1]，可以持衰气养生机。

注释：

[1] 率常：通常，常规。

点评：

守常即执中之法也，万物将自化。

便是不好过中，总有一丝过得处，便从此觅路过去，或且别有天地。

点评：

此解脱法也。人生不如意事十常八九，若使忧能伤人，沉浸其中，恐不得永年矣。怨天尤人，亦非善策。莫若忘其忧而觅其乐，则何尝不失为良策乎？然非具胸襟者不能为之也。

有喜即有恼，平等过日，不必有意取乐。

点评：

喜与恼乃人情所恒有，关键看如何处之耳。恶恼而好喜，有意取乐，实亦逃避之法也。不如泰然处之，则生活虽如茶平淡，亦别具一般滋味也。

至诚止是拼命，有时白拼，须会看事势。（以上四篇出自《莺鸠居笔记》）

点评：

挚情洵为可贵，然恐情生智隔，须相机行事。其中必以圣贤之道处之，不可见风使舵也。有非拼不可之时，白拼亦无退让也。

叶大焯

今莅官　益当兢兢　有所为　勿苛紒

叶大焯（1840—1900），字恂予，闽县（今福州市）人。同治七年（1870）进士，授编修，历任《实录》总纂官、咸安宫总裁。光绪八年（1882），典湖南乡试，旋充广东学政，梁启超是其门生。光绪十一年因失察离职，回乡主讲于正谊书院，以授业育才为己任。大焯居乡多为公益事，衣履简朴，气度谦和，急人之急，忧人之忧。著有《补拙斋文钞》。故居在文儒坊。

与子稚愔书

吾家居甚惬，不欲远行，大府[1]以书院属我，不获辞，势亦不能往。汝少年幸科第，今莅官，益当兢兢，待士子必以诚，有所为，勿苛紒[2]。（叶在琦等《先考恂予府君行述》）

注释：

［1］大府：上级官府。明清时亦指督抚。

［2］苛紒：烦苛。

点评：

居官唯慎，待下必诚。不慎则适足召祸，不诚则无以亲人。

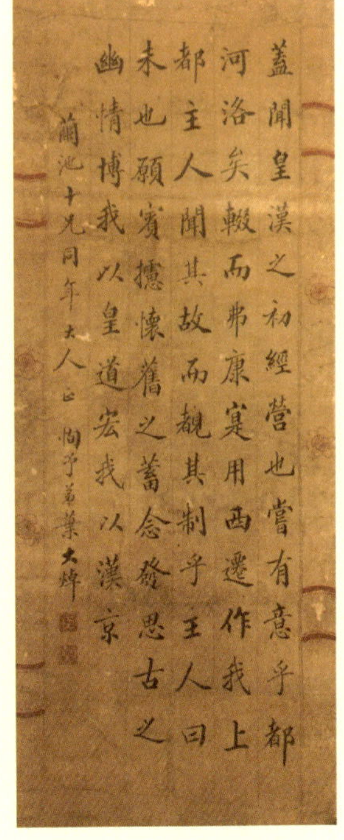

◎叶大焯手迹

◎陈宝琛像

陈宝琛

传家先志节　报国恃精神

陈宝琛（1848—1935），字伯潜，号弢庵，闽县（今福州市）人。同治七年（1868）进士。官内阁学士兼礼部侍郎衔。1884年中法战争后，因荐人而受牵连，部议降五级处分，从此投闲家居达二十五年之久。在乡曾任福建鳌峰书院山长，投身教育，培养人才。宣统初复出，任毓庆宫行走，授读宣统帝溥仪。辛亥后仍为溥仪之师，“九一八”后，反对伪满洲国，拒受伪职，留居京津，屡征不出。工书，善画松，著有《沧趣楼诗文集》行世。故居在文儒坊。

婉女[1]随婿入都过苏省亲送至上海

汝婿趋庭乐，还朝正及春。传家先志节，报国恃精神。觳佩[2]宜相敬，齑盐[3]要耐贫。宣南巢好在，回首听鸡晨。

注释：

［1］婉女：陈婉贞，陈宝琛次女。适林则徐曾孙林炳章。

［2］觳佩：谓夫妻同享荣华。扬雄《琴清英》：“祝牧与妻偕隐，作《琴歌》云：‘天下有道，我黼子佩；天下无道，我负子戴。’”

［3］齑盐：比喻清贫淡泊的生活。

点评：

拉杂家常，莫不以绍继志节、精忠报国相勉，以相敬如宾、耐贫守志相劝，清流忠臣，不忘觚棱，宜其如此。

送复儿[1]游学日本

……出门攻错[2]慎自求，开卷精华要常玩。生迟敢望汝成速，及我两人犹老健。荔枝熟时海不波，准备年年刮目看。（以上两篇出自陈宝琛《沧趣楼诗文集》）

注释：

［1］复儿：陈懋复（1892—1951），字泽来，号几士。陈宝琛长子。

［2］攻错：琢磨玉石。比喻拿别人的长处

补救自己的短处。语出《诗经·小雅·鹤鸣》：“他山之石，可以为错。”

点评：

求学无外勤奋自修，慎交良友二事，弃书不观则业不精，独学无友则学必隘，古人所以戒骄戒傲也。且望子成龙之心与依依不舍之情，充溢其间。

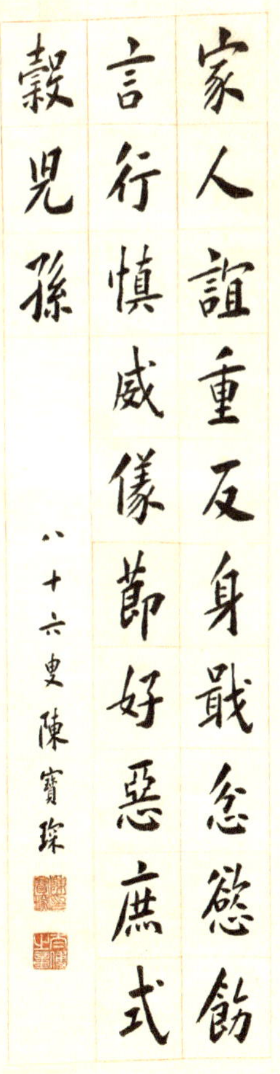

家人誼重反身戢忿慾飭
言行慎威儀節好惡庶式
穀兒孫
八十六叟陳寶琛

◎陈宝琛手书格言

致仲勉弟[1]

薰儿[2]少不更事，且又失学，常谕以习静补读，勿染浮浇[3]，勿管外事。风气日趋嚣薄，兄又晚子，不敢冀其有用之才，而但愿其勿玷先人，自处于无过之地。若能省食省俭，眼前亦粗足处存，可以无求于世。吾弟就近，幸时有以提撕[4]之。（《历史文献》第十六辑）

注释：

［1］仲勉弟：陈宝瑨（1849—1933），陈宝琛二弟。

［2］薰儿：陈宝琛长子陈懋复。

［3］浮浇：轻浮浅薄。

［4］提撕：教导、提醒。《诗经·大雅·抑》：“匪面命之，言提其耳。”

点评：

晚来得子，所望益切。而能免于溺爱，深加训诫，唯恐不足，亦难能可贵矣。

◎曾福谦像

曾福谦

谋事不可无退一步想 为学不可无进一步想

曾福谦（1851—1922），谱名成垕，字伯厚，系曾晖春曾孙。闽县（今福州市）人。光绪十二年（1886）进士，以主事分刑部。历任四川奉节、崇宁、仪陇知县，有善政。福谦天性至孝，绘有《西山永慕图》，遍征当代名流题咏，以纪念庶祖母杨氏。著有《梅月龛诗集》《五经巧对录》等。有家训《治家篇》《诇世篇》传世。故居在吉庇巷。

祖茔[1]须常常往视，不必泥定[2]祭扫也。

注释：

[1] 祖茔：祖先的坟地。

[2] 泥定：拘执，株守。

点评：

慎终追远，存乎其心，不必拘于某事也。

子孙有财，行善最好，赡族次之，买书次之，买田宅又次之，断不可典押，以免瓜葛。须查明来历，不可见小失大。

点评：

行善施及他人，赡族止于同宗。买书购田，全为自身，而卒不能保。故发财难，用财更不易。

祖宗买一书何等艰难，子孙卖一书何等容易，愿汝曹痛除此习。

点评：

叶德辉以为子孙能读则贻之，不能读则及身散之，亦人生大快意事。盖藏书有五厄，古来鲜有善终者。子孙能知鬻书，犹胜于覆瓿也。且所鬻得人，自能惜之，奚必藏之于家？此皆爱书成癖，转不能达也。

品学兼优之士能有几人？此外举止端方、性情正直，亦可延订。如训蒙则须循循善诱，不可一味夏楚收威[1]。如教成人则须胸有书卷，改文重理法方可。

注释：

［1］夏楚收威：鞭打体罚学生，收到整肃威仪的效果。《礼记·学记》："夏楚二物，收其威也。"郑玄注释："夏，槄也；楚，荆也。二者所以扑挞犯礼者。"

点评：

身教重于言传。其身正，不令而从。夏楚收威固不足恃，然亦不可废也。

科名莫非前定，无论如何，考试万不可以身试法，求荣反辱。

点评：

尽人事，听天命也。

一切聚赌，均劳神伤财，戒之，戒之。

点评：

聚赌之徒大多贪财好逸，乃凭侥幸以得之，不知祸亦将至也。

衣服切戒丽，都能洁净可矣。即仕宦亦不必过华。（以上七篇出自《曾氏家训·治家篇》）

点评：

衣服乃身外之物。将恐华敝其实，遂骄乃心，非圣人虚己惜物之旨也。且负乘致寇，故必去奢去泰也。

谋事不可无退一步想，为学不可无进一步想。

点评：

谋事无退一步想则不周，为学无进一步想则必懈。

精明而不浑厚，流于刻薄；浑厚而不精明，近于糊涂。二者须交相为用。

点评：

刻薄则无友，糊涂则易欺。偏执一端，适足为害。

精神不可误用，威势不可全用，资财不可独用，心思不可过用。（以上三篇出自《曾氏家训·诇世篇》）

点评：

依此而行，则何所不当？

◎林纾像

林　纾

不勇无以趋事业　不忍无以就事业

林纾（1852—1924），原名群玉，字琴南，号畏庐，闽县（今福州市）人。光绪八年（1882）举人。曾在京师大学堂、旅京闽学堂、孔教大学等校任教。光绪二十三年夏，由王寿昌口述，他执笔译成《巴黎茶花女遗事》，风靡海内，随后与人合作译书一百八十余部，世称“林译小说”，影响深远。擅诗词、精绘画，被誉为“古文殿军”。著有《畏庐文集》《畏庐诗存》《春觉斋论文》等。故居在光禄坊。

做不到的事，万万不可轻诺。轻诺便寡信，寡信即无人信。谋不到事，万万不可强求，强求便蒙耻，蒙耻即无耻。

点评：

此言人不可不慎也。轻诺则近于虚浮，强求则邻于贪婪，二者所宜深戒。

力学是苦事，然如四更起早，犯黑而前，渐渐向明。好游是乐事，然如傍晚出户，趁凉而行，渐渐向黑。

点评：

人莫不尚明也，故须戒盘游而事勤学，则苦尽甘来，终身受用不尽也。

同房之人，总要和睦，第一切勿贪便宜，听人便宜即是自己便宜。须知天下吃亏之事，饮食钱财，均不妨事，唯名誉万万不可吃亏。名誉之吃亏，即听人作美，如等等起哄之事，切不可一听即发，须知人心不可测，或用话激尔，使尔暴动，便落人圈套矣。

点评：

有可吃亏之事，有不可吃亏之事，不可不慎。此亦久经世事，多历年所之经验也。

凡事不必躐等[1]，安我素分，多一年即增多一年之学问。凡物不可贪，惟学问一道，不厌贪字。凡事不必争，惟学问一道，必要争字，汝当记之。

注释：

［1］躐等：超越等级，不循次序。

点评：

贪多务得，细大不捐，此为学之态度也。求学当如饥似渴，古人有读书“四当”之说，即“饥读之以当肉，寒读之以当裘，孤寂而读之以当友朋，幽忧而读之以当金石琴瑟也”。苟能如此，则其学问必博。由博返约，则其学问必精，既精且博，是谓大成。

汝当知父母之心，爱子至于何等，且所望于汝者，不过两事：一保卫身体，求其平安；一用心读书，期于成就。至于后日养我暮年之事，吾却能自食其力，且能以力助汝，汝之责任轻也。唯养亲之责任虽轻，而照顾弟妹之责任较重。汝须自立，方足为诸弟之榜样，并能照顾诸弟，此才不负老父一番培植之心。

点评：

天下父母莫不欲其子健康自立，免受苦难，未尝望其厚养己身也。子曰：“父母唯其疾之忧。”苟能爱惜身体，勤俭向学，是即孝也。林纾此言亦人之常情，可见其殷勤爱子之心。

余老矣，望汝甚切。一望汝卫生无病；二望汝耐性勿急；三望汝读书有恒求熟，不宜一会即行舍去；四望汝多食空气；五望汝饮食有常，不可多食，亦不可少食；六望汝勿与人争气，千万勿怒，怒则伤肝，脑易受病。以上六事，汝能留心，则尔之父母咸放心矣。

点评：

所言无不为其子着想，人之爱子，老而弥笃，他人亦当如此，为人父母殊不易也。

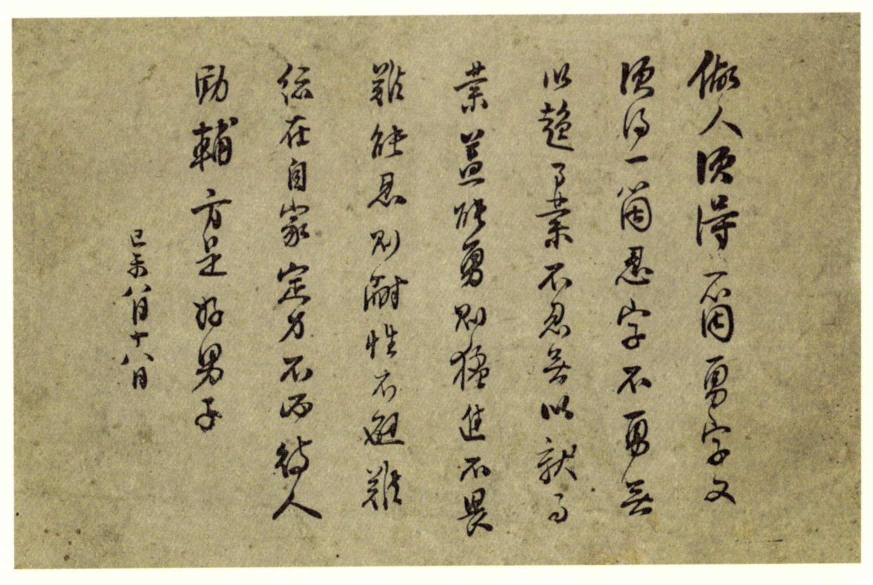
做人须得个勇字文
须得一个恳字不勇无
以趋事业不恳无以就学
業[illegible][illegible]勇则[illegible]进不畏
难[illegible]恳则耐性不[illegible]难
总在自家定力不[illegible]待人
劝辅方是好男子
己未八月十八日

◎林纾家书

天下人都不足恃，即堂兄弟亦各有自为之心。男子万无恃人之理。余年少孤露，亲戚人人齿冷，至不以我为人。余躬自刻苦，励行读书，后此亲戚稍稍亲近。余一不计较，极力佽助之，至老不衰。盖自信宁可我为人恃，不能以我恃人。凡人有恃人之心，其居心皆苟贱不堪言。故余一心盼汝能自立也。

点评：

自立乃能成人。夫良人者，女子终身所仰望也。苟不能自立，何以赡父母、蓄妻子哉？必为人所贱矣。

为人第一须留心：读书留心，则得书中之益；饮食留心，则无疾病之虞[1]；说话留心，则无招怪及招祸之事；做事留心，则不致有债败[2]之处；交友留心，则不致引小人近身；起居留心，则不致冒暑伤寒，旋生疾病。古人谓之“居敬”[3]，浅言之则谓之“留心”。汝时时当体贴吾意也。

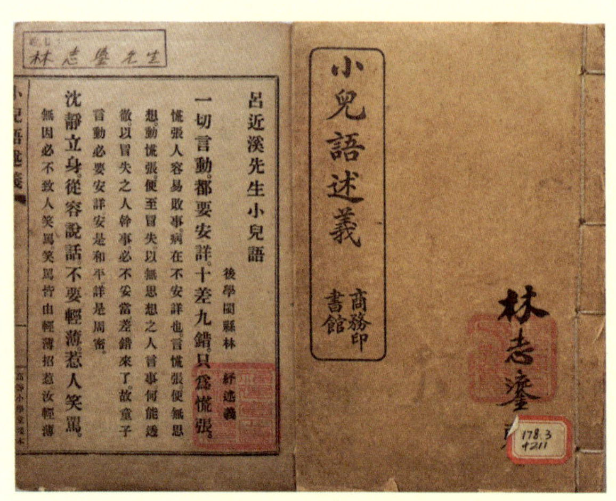
小兒語述義
商務印書館

呂近溪先生小兒語
後學閩縣林紓述義
一切言動。都要安詳。十差九錯。只爲慌張。
慌張人容易敗事。病在不安詳也。言慌張便無思想。動慌張。便至冒失。以無思想之人當事何能透徹。以冒失之人幹事。必不妥當。差錯來了。故童子言動必要安詳。安是和平。詳是周密。
沈靜立身。從容說話。不要輕薄。惹人笑罵。
無因必不致人笑罵。笑罵皆由輕薄招惹。汝輕薄

◎林纾《小儿语述义》

注释：

［1］虞：忧虑。

［2］债败：失败。

［3］居敬：谓持身恭敬。《论语·雍也》：“居敬而行简，以临其民，不亦可乎？”

点评：

留心即审慎之意也。凡事能“慎”，则必无虞矣。

做人须得一个“勇”，又须得一个“忍”字。不勇无以趋事业，不忍无以就事业。盖能勇则猛进不畏难，能忍则耐性不避难。总在自家定力，不必待人匡辅[1]，方是好男子。

注释：

［1］匡辅：匡正帮助。

点评：

勇就其气魄而言，忍就其胸次而言。成大事者，缺一不可。

出门必告父母，此古人“游必有方”之义也。何则？儿女外出，父母往往关心。明知其无事，然总有一种放不开。且想少年人在外，欢天喜地，那解二亲有无穷之悬念？当时不知，及身为人父时，方了了[1]明白，然而晚矣。

注释：

［1］了了：清楚明白的样子。

点评：

此为“游必有方”极好之注脚。

……父母之训辞，通是好意，尤无可辩。父母即有误，体为絮絮[1]之言，即孟子所谓“垂涕泣而道”者，安有恶意，亦同悠泛之谤言？矧尔母甚贤，言皆当理，慈爱之意，流诸言表。吾忧患余生，读书万卷，岂有不明事理之言？纵使不省外事，然知子之心甚明，言汝过失，处处中要。汝幸听之。（以上十一篇出自《林纾诗文选·书信》）

注释：

［1］絮絮：说话烦琐不止。

点评：

《弟子规》云：“父母教，须敬听。父母责，须顺承。”此亦为人子女之本分也。今人反是，盖摒是不学之故也。

◎民国旧报所载林纾训子遗书

◎严复像

严　复

有志之士　须以济世立业为务

严复（1854—1921），曾名传初，字又陵，侯官（今福州市）人。中国近代启蒙思想家、翻译家。同治五年（1866），福建船政学堂毕业，为中国近代第一批留英学生。历任天津北洋水师学堂总教习、京师大学堂编译局总纂、北京大学校长兼文科学长。严复系统地将西方的社会学、政治学、哲学和自然科学介绍到中国，翻译了《天演论》《原富》《穆勒名学》等西方名著，呼吁国人变法维新，倡导以自由、民主、法治为目标的政治改革和社会变革，其"开民智、鼓民力、新民德"的全民素质教育主张，至今仍有启迪意义。有《严译名著丛刊》《严几道文钞》《瘉壄堂诗集》行世。故居在郎官巷。

续阳岐严氏字辈

曾元彦圣，奕胤景从。当仁[1]执谊[2]，安延祖宗。（贾长华《严复与天津》）

注释：

［1］当仁：以仁为己任。《论语·卫灵公》："当仁不让于师。"

［2］执谊：坚持合理的事。

点评：

当仁执谊为立身之正道，苟能如此，不侮祖宗。

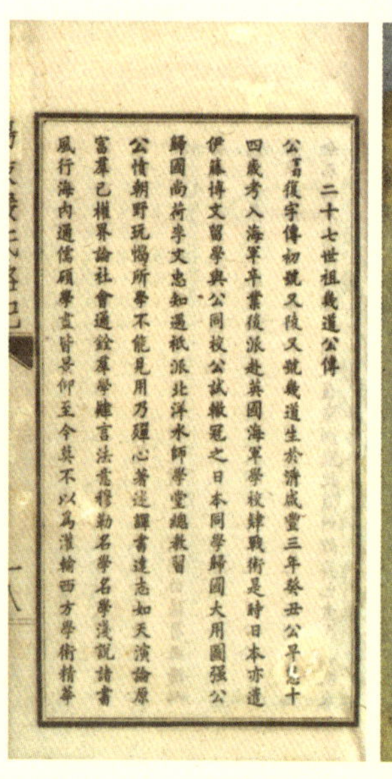

二十七世祖幾道公傳

公[illegible]復字傳初號又陵又號幾道生於清咸豐三年癸丑公年[illegible]十四歲考入海軍卒業後派赴英國海軍學校肄戰術是時日本亦遣伊藤博文留學與公同校公試輒冠之日本同學歸國大用圖强公歸國尚荷李文忠知遇祇派北洋水師學堂總教習

公憤朝野玩愒所學不能見用乃殫心著述譯書達志如天演論原富羣己權界論社會通詮羣學肄言法意穆勒名學名學淺說諸書風行海內通儒碩學宣皆景仰至今莫不以爲灌輸西方學術精華

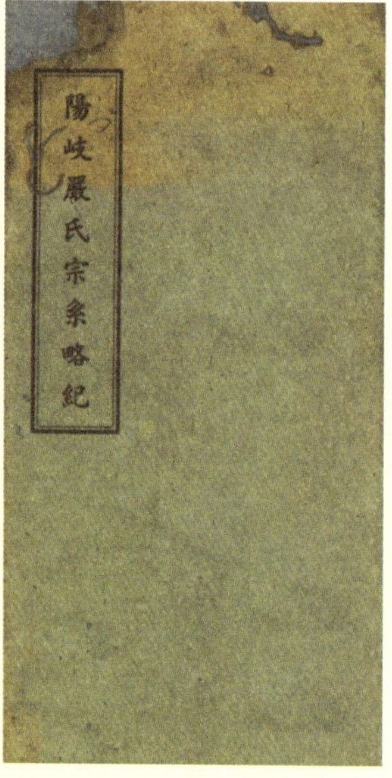

陽岐嚴氏宗系略紀

◎《阳岐严氏宗系略纪》书影

遗嘱

民国十年，岁次辛酉，十月三日，瘉壄老人喻家人诸儿女知悉：吾自戊午年以来，肺疾日甚，虽复带病延年，而揆[1]之人理，恐不能久，是以及今尚有精力，勉为身后传家遗嘱如左。非曰无此汝曹或至于争，但有此一纸亲笔书，他日有所率循而已。汝曹务知此意。吾毕生不贵苟得，故晚年积储，固亦无几，然亦可分。今为汝曹分俵。……

嗟呼！吾受生严氏，天秉至高。徒以中年攸忽，一误再误，致所成就，不过如此，其负天地父母生成之德至矣。耳顺以后，生老病死，倏然相随而来，故本吾自阅历，赠言汝等，其谛听之。

须知中国不灭，旧法可损益，必不可叛。

须知人要乐生，以身体健康为第一要义。

须勤于所业，知光阴时日机会之不复更来。

须勤思，而加条理。

须学问，增知能，知做人分量，不易圆满。

事遇群己对待之时，须念己轻群重，更切毋造孽。

审能如是，自能安平度世。即不富贵，亦当不贫贱。贫贱诚苦，吾亦不欲汝曹傚之也。余则前哲嘉言懿行，载在典策，可自择之，吾不能觇缕[2]尔。（《严复集》第二册）

注释：

［1］揆：揣测，揣度。

［2］觇缕：详述。

点评：

人之将死，其言也善。此悉严复生平阅历所得，足为箴言，不可不察也。

与三子严琥书

闭门索句，甘苦固非朋辈所与知，而非经一番戛戛[1]其难之候，终身没出息矣。吾于文字颇知荼蔗[2]，往往自轻已作，成辄弃去，不以居今之日，时异往古，有志之士，须以济世立业为务，不宜溺于文字，玩物丧志。

注释：

［1］戛戛：艰难的样子。韩愈《答李翊书》：“惟陈言之务去，戛戛乎其难哉。”

［2］荼蔗：荼为苦菜，这里喻指甘苦。

点评：

志在济世，读书而识其大者也。古人下笔唯慎，今则著述神速，唯恐他人不知也。

与四子严璿书

前得儿书，知在唐校[1]用功，勤而有恒，大慰大慰！学问之道，水到渠成，但不间断，时至自见，虽英文未精，不必着急也。所云暑假欲游西湖一节，虽不无小费，然吾意甚以为然。大抵少年能以旅行观览山水名胜为乐，乃极佳事，因此中不但怡神遣日，且能增进许多阅历学问，激发多少志气，更无论太史公文得江山之助者矣。

◎严复家书

注释：

[1] 唐校：唐山工业学校。

点评：

语云“读万卷书，行万里路”，必先读书，胸有文墨，然后外出旅游，方可与所学知识相发明。若空疏不学，徒事旅游，以拍照留影为务，是谓玩物丧志矣。

汝堂课分数极佳，可慰。至于国文，教员所为，乃一时风气所成，与昔贤规矩，及儿在书房者，大不相侔[1]。我们既入学校，而国文分数，又有升班关系，自不得不勉强从俗，播弄些新名词之类，依教员所言，缴卷塞责。至于真讲文字，固又是一宗事，后来从汝所好为之，不关今日之事也。孟子云：“鲁人猎较[2]，孔子亦猎较。”正是此意。夫孔子尚有时随俗，况吾辈乎？考试原求及格，但人事专尽之后，即亦不必过于认真，转生病痛。总之，为学须有优游自得之趣，用力既久，自然成熟，一时高低毁誉，不足关怀也。

注释：

[1] 相侔：相等，相同。

[2] 猎较：争夺猎物。《孟子·万章下》：“孔子之仕于鲁也，鲁人猎较，孔子亦猎较。”

点评：

此变通随世，而守道不移之法也。

与四女严顼

本早得儿信，言四哥近状，为父甚为挂心。四哥年来用功太过。须知少年用功本甚佳事，但若为此转致体力受伤，便是愚事。古人有言：“皮之不存，毛将焉附？”夫学所以饰躬，使身体受伤，学何用耶？此后四哥宜优游暇豫[1]，即堂课亦不必过于认真，俟数个月后身体转机，再行用功，尽来得及也。（以上四篇出自《严复集》第三册）

注释：

[1] 优游暇豫：悠闲安乐。

点评：

少年读书宜用功，然不可过于用功。所谓过犹不及，须知读书乃终身之事，不可操之过急也。古来成大学问者往往长寿，盖养生与读书须协调而行也。

郭曾炘

俭于己 不俭人
为吾家先世身教

郭曾炘（1855—1928），字春榆，号匏庵，侯官（今福州市）人，系郭柏荫之孙。光绪六年（1880）进士，后任主事，渐升至光禄卿。宣统元年（1909），任典礼院掌院学士。民国二年（1913），与陈宝琛同修《德宗实录》，书成，得逊帝奖赏。后以清室遗老自居，病卒京寓。著有《匏庐诗存》。故居在黄巷。

俭于己，不俭人，为吾家先世身教。子孙之发祥，寿命之绵延，未必不由于此，吾子孙其善守之。（郭则沄《旧德述闻》卷三）

点评：

沈葆桢所谓“忠厚非奢，刻薄非俭”也。苟俭于人，是谓不敬，必生怨怼。故当严于律己而宽以待人也。

◎郭曾炘（左起第六人）与族人合影

陈　衍

要听逆耳言　交胜己友

陈衍（1856—1937），字叔伊，号石遗，侯官（今福州市）人。光绪八年（1882）举人。早年入台湾巡抚刘铭传幕府，光绪三十三年入京，任学部审定科主事，兼京师大学堂经学教习。民国四年（1915）十月，在京师大学堂任教。翌年四月回福州，任福建通志局副总纂，实际主持编务，编纂新《福建通志》达六百卷，一千万字。著有《石遗室诗文集》《石遗室诗话》《宋诗精华录》等，是诗坛“同光体”代表人物。故居在文儒坊大光里。

◎陈衍像

重有感

吾乡文肃[1]有名言，选妇休同选婿论。婿不快时妨[2]一女，妇之关系一家门。（《陈石遗集》）

注释：

［1］文肃：沈葆桢，谥号“文肃”。

［2］妨：损害。

点评：

确为至论，令人深思。沈葆桢之母及其妻皆林则徐家人，素以贤惠著称，故能使其家成就如此。

凡看书，第一过要快如走马看山，得其大略而已。

点评：

此读书之法也。浏览一通，心知其意。若第一遍即字字计较，文气不通，意思全断，恐难以领会全书要旨，反为他歧所误。

人有求助者，能与则与之。不舍，则宁可送些子与他，勿借也。

点评：

人来求助，必迫不得已。借之则必望其还也，久而未还，必生怨望。一借一还，易生事端，本为好意，竟坏二人关系。不如与之为妙也。

要听逆耳言，交胜己友[1]。（以上三篇出自王真《道真室集》卷二）

注释：

［1］交胜己友：结交胜于自己的朋友。语出《论语·学而》：“子曰：‘君子不重则不威，学则不固。主忠信。无友不如己者。过则勿惮改。’”

点评：

听逆耳之言，则能知其过错，闻而改之，身必修；交胜己之友，则能知其不足，畏而补之，业必精。然非具胸次者不能为也。盖人情莫不闻誉则喜，闻毁则怒，苟能去骄去妒，虚心接纳，则业无不成矣。

◎萨镇冰像

萨镇冰

一日健康须努力 闻人疾苦为扶持

萨镇冰（1859—1952），字鼎铭，闽侯人。毕业于福建船政后学堂，光绪三年（1877）入英国皇家海军学院深造。曾任北京政府海军总长、暂代国务总理、福建省省长、南京政府海军部高级顾问。新中国成立后，任第一届全国政协委员、中央人民革命军事委员会委员等。操守廉洁，朴诚俭约，热爱和平，乐善好施。雅好临池吟咏，九十高龄尚能作端严恭楷，著有《古稀吟草》《仁寿堂吟草》等。故居在黄巷。

《大学》[1]云："一家仁，一国兴仁；一家让，一国兴让。"窃愿同宗之人于"仁"与"让"两字加之意焉，推而行之，则天下治矣。

注释：

［1］《大学》：《礼记》中一篇。宋代程颢、程颐改窜原文，朱熹为作章句，改动章节，与《论语》《孟子》《中庸》合称"四书"。宋末以后，成为旧时士子科举的必读书。

点评：

仁、让，德之体也。以德兴邦，则邦无不盛也。

寄族侄福榛

忧患天涯寄此身，读书自可养精神。兴邦毕竟由多难[1]，何必销声学避秦[2]。

注释：

［1］兴邦毕竟由多难：国家遭受患难，促使内部团结，因而兴盛起来。《左传·昭公四年》："邻国之难，不可虞也。或多难以固其国，启其疆土；或无难以丧其国，失其守宇。"

［2］避秦：秦时苛政扰民，人民纷纷逃避而隐居。比喻躲避强暴或战乱。陶渊明《桃花源记》："先世避秦时乱，率妻子邑人，来此绝境，不复出焉。"

点评：

销声避秦，是自保其身，而弃天下不顾也。国家多难，饱经忧患，读书以平其忧，养其度，将有所作为也。

己巳[1]元日偶作

不耕而食愧当时，不织而衣亦不宜。一日健康须努力，闻人疾苦为扶持。

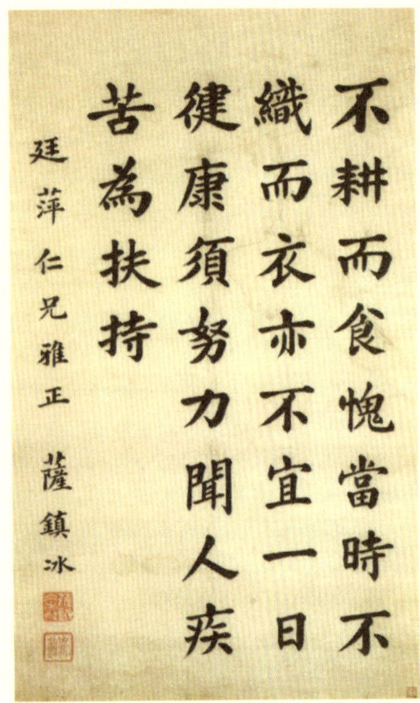

◎萨镇冰书法

注释：

[1] 己巳：1929年。即民国十八年。

点评：

贾长沙曰："一夫不耕，或受之饥；一女不织，或受之寒。"人生在世，身体康强，岂可仰食他人，无所事事？闻人疾苦，若己有之，是恻隐之心也。苟无恻隐之心，则非人也。

题赠侄孙本珪

国从多难建，才为济时珍。（以上四篇出自萨镇冰《仁寿堂集》）

点评：

国家危难之际，尤须人才。君子立志，当以栋梁自期，琢磨砥砺，务使为世所需，匡时救难，以济世人也。

◎刘冠雄像

刘冠雄

基功立业　扬为国光
贻裕永久　福禄而康

刘冠雄（1861—1927），字敦诚，号资颖，闽县（今福州市）人。光绪元年（1875），考入福建船政后学堂。十二年，赴英留学。后任靖远舰帮带、大副。二十年，中日甲午战争爆发，北洋舰队全军覆没，被解职。二十五年，重建北洋海军，为海天舰管带。宣统元年（1909）五月，统领江防舰队。辛亥革命，随海军起义。民国元年（1912），任南京临时政府海军部顾问。不久，任北洋政府海军总长。六月，兼代交通总长。翌年一月，兼署教育总长。六年七月，为海军总长。十二年，任闽粤海疆防御使，十一月辞职，定居天津。故居在宫巷。

今世实业生第一要着，宦海羁身，非计之得。吾受袁项城[1]知遇，辞不获已，责任綦重，梦寐常不自安。甚愿汝曹勿入此途，但能于实业上占一优胜，自不患无啖饭地。

注释：

[1] 袁项城：袁世凯（1859—1916），字慰亭，河南项城人。近代政治家、军事家，北洋新军的创始人。

点评：

栖身宦海，身不由己，虽知所投非人，然知遇之恩不可不报也。既食其禄，必尽其力，是以夙兴夜寐，不敢稍懈。生值乱世，日思以正道匡上报国，其志难从，故勉子孙他往，亦足见其拳拳之心也。

续凤岗忠贤刘氏命名序次

秉承祖训，中正端庄。绍述诗礼，吉协允臧[1]。基功立业，扬为国光。贻裕[2]永久，福禄而康。（以上两篇出自刘懋勋、刘君翰等《凤岗忠贤刘氏族谱》）

注释：

[1] 允臧：确实很好很完善。《诗经·定之方中》：“卜云其吉，终然允臧。”

[2] 裕：宽裕，富饶。

点评：

中正端庄，所以立身也。绍述诗礼，所以立业也。诗礼足可润身，以此为本，厥后必昌。

刘　瀛

世间百物莫攫取
郜鼎虞剑枉贪求

刘瀛（1861—1929），字耕云，闽县（今福州市）人。光绪十二年（1886）进士。官山西知县，升知府。辛亥以后卸甲回乡，著有《闲居十八年剩草》。故居在光禄坊。

诫　儿

庭前旧植红石榴，秋来结实垂枝头。痴儿睨视[1]攀不及，叉竿仰摘如坠球。触地皮破肉且烂，甘液散尽无复留。未经入手先毁坏，爱之不啻[2]成仇雠[3]。老翁且怒复且笑，亟呼儿前语其由。世间百物莫攫取，郜鼎[4]虞剑[5]枉贪求。

注释：

［1］睨视：斜视、旁观。

［2］不啻：无异于。

［3］仇雠：仇人、仇敌。

［4］郜鼎：郜国所铸大鼎。泛指国家重器。

［5］虞剑：宝剑。这里泛指宝物。

点评：

寓教于生活琐事之中，颇觉亲切。夫事有躁急而愈不成者，物有强求而终不得者，既属非分，莫更强求。强之不唯无益，但贻羞辱耳。

放纸鸢诗示邃儿[1]

好风吹汝上天去，莫便夸张骨力遒[2]。操纵有权仍我握，须知能发亦能收。（以上两篇出自刘瀛《闲居十八年剩草》）

注释：

［1］邃儿：幼子刘邃业。

［2］遒：遒劲，雄健有力。

点评：

小事偏能见至理，此其所长也。

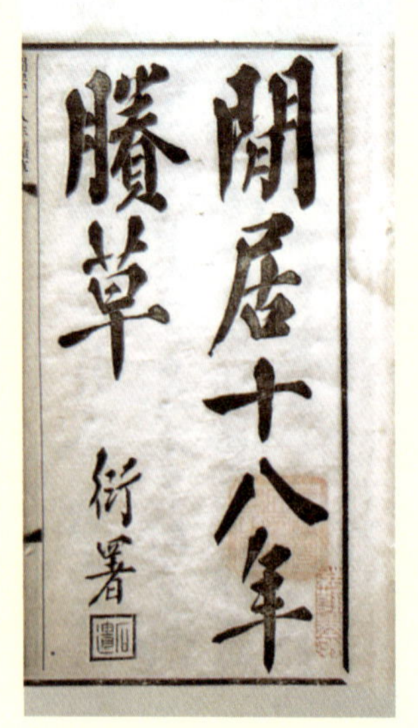
閒居十八年賸草
衍署

◎刘瀛《闲居十八年剩草》书影

沈觐清

不知有家　安知有国

沈觐清（1863—1938），字纪男，侯官（今福州市）人，沈葆桢次孙。荫生。历充船政文案，船政驻省文案兼支应福州军署、闽浙督署文案、闽关铜币局总文案，船政艺圃监督，闽关福州海口军舰稽查。继承先人遗志，主张西学，在培养船政人才方面有所贡献，并工于书法。著有《船工纪事》。故居在宫巷。

方今强邻压境，危亡无日[1]。论者咎吾国人家族观念太深，致无敌忾[2]。岂知吾国不振，实由人心涣散。不知有家，安知有国？不知有宗族，安知有种族？吾作兹谱，非徒保世滋大[3]之意，亦望人人亲其亲、长其长，而天下平。有识者不以吾言为迂阔也夫。（沈觐清《武林沈氏迁闽本支家谱》）

注释：

［1］无日：不日、不久。

［2］敌忾：对敌人的愤恨。语出《左传·文公四年》：“诸侯敌王所忾，而献其功。”

［3］保世滋大：保持宗族世代相传，使之发展壮大。《国语·周语上》：“先王之于民也，懋正其德而厚其性……使务利而避害，怀德而畏威，故能保世以滋大。”

点评：

家国原为一体，无家即无国，无国则家亦难保。故爱国者必先爱其家，爱家而不恤国，是昧于家国之义也。苟能以亲亲之心施及国人，则强敌不足畏也。

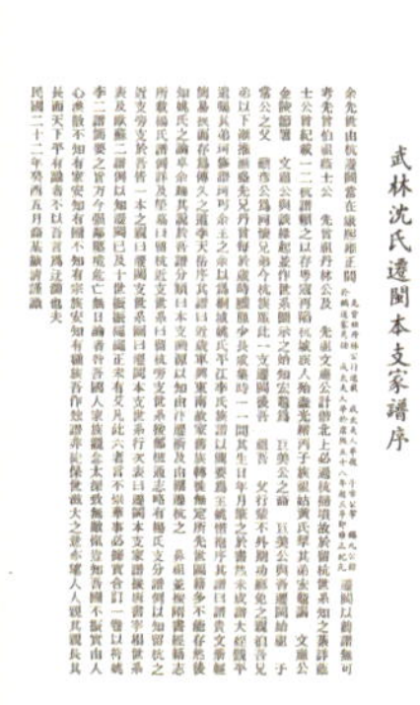
武林沈氏遷閩本支家譜序

◎《武林沈氏迁闽本支家谱》书影

◎董执谊像

董执谊

能知足 能读书 能孝亲 能教子 能勤俭 能谦和

董执谊（1863—1942），名藻翔，号藕根居士，以字行，福州人。光绪二十三年（1897）举人，淡泊处世，不乐仕途，曾出任省咨议局议员，不久辞归，专心治学。他热心公益，乡里重修文庙，推举他主持。后来又参与修建城隍庙、董应举先生祠。著有《榕城名胜古今考略》《闽故别录》《藕根斋摭拾》等，并将《闽都别记》重新搜集，全面整理、订正、点校，成为定本。故居在南后街。

以教育遗子孙，为最上之产业。（董执谊致诸孙书）

点评：

以财遗子孙，则财终有尽。以教育遗子孙，则代代相传而不衰。教育得当，家乃兴旺，信为最上之产业也。

鸦片烟，不可吸。损精神，废事业。一时高兴，便亦成瘾。受累终身，悔之无及。

点评：

一切不良习气，均当作如是观。

能知足，便不辱。能读书，便不愚。能孝亲，感明神。能教子，延宗祀。能勤俭，灾殃免。能谦和，吉祥多。（以上两篇为董氏故居花厅木刻条屏语）

点评：

此六能关乎立身处世之法，有益于身，当行之不疑。

为善必昌，为善不昌祖宗有余殃，殃尽则昌；为恶必灭，为恶不灭祖宗有余德，德尽则灭。（此为董氏改定城隍庙对联）

点评：

以此言告诫众人，勿以善小而不为，勿以恶小而为之。

◎董执谊所制家训格言楠木板

◎何振岱像

何振岱

兄弟和气 亲心乃安 世间大福子孙贤

何振岱（1867—1952），字梅生，一字心与，晚号梅叟，闽县（今福州市）人。光绪二十三年（1897）举人。光绪季年，入江西布政使沈瑜庆幕府。民国初总纂《西湖志》，并任《福建通志》协纂。民国十二年（1923）北游，旅居京华十余载。二十五年回福州，家居以诗文自娱。抗战中，福州两度沦陷，日军曾托人聘他为顾问，被严词拒绝。抗日战争胜利后，国民政府褒奖抗日期间坚贞不屈人士，何振岱名列福州首位。著有《觉庐诗稿》《我春室诗文集》等。故居在文儒坊大光里。

与三儿敦敬联

积善养福，研几[1]广才。

款：敬儿南归，书此与之。慎守吾言，为益不鲜[2]。尔敬思之。庚午处暑后三日，砚香老人。

注释：

［1］研几：穷究精微之理。

［2］不鲜：不少。

点评：

为人为学当以此为座右铭。

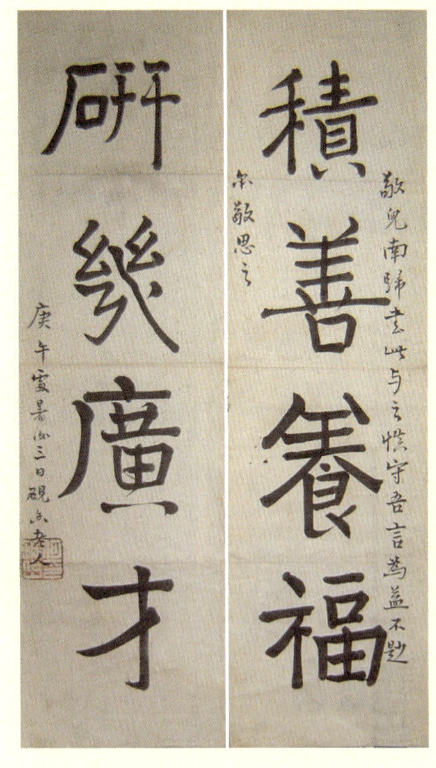

◎何振岱为三子何敦敬书联

与五儿敦仁联

定无后悔惟勤学，各有前因莫羡人。

款：敦仁五儿日省。八十一老人何振岱录。

（以上两篇出自何振岱手迹）

点评：

该联对仗极工。勤学则必有得，终身受益，断无后悔之理。且各人皆有其福报，但自珍惜，羡人即是自贱所得，立身不稳，归于学而不明也。

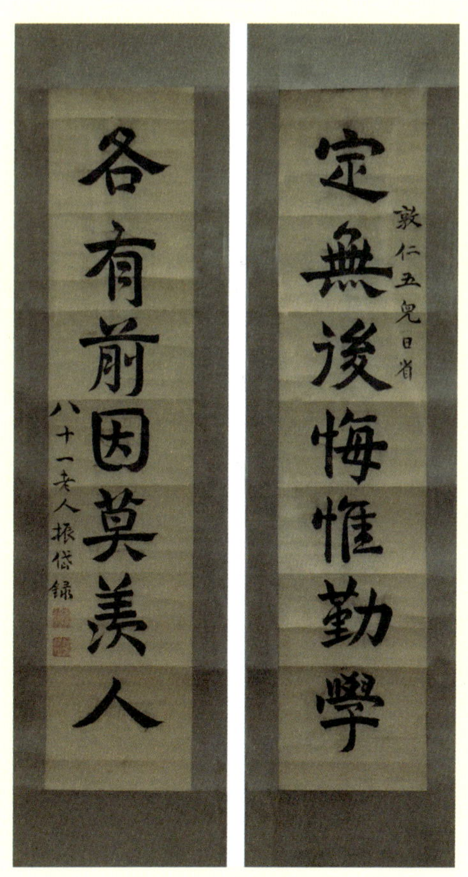

◎何振岱为五子何敦仁书联

家书

炳、澄同胞兄弟，要和睦相好，应每月用若干元，我照寄归。兄弟和气，亲心乃安。不爱兄弟而爱他人，无此理，且天地亦不许也。兄弟和好，我家有福，我虽老，何忧乎？

点评：

孝友乃立德之本，兄弟既翕，则举家和谐，父母之所望者正在于此，亦所以齐家之道也。

与恒孙[1]

恒孙览：汝今年足十一岁否？入学校否？字认多少？里中天气至今犹冷，我尚穿皮袍。灯市不如往年，汝有鱼灯甚好。五叔、五婶在汝处坐许久，有买糖给汝兄弟否？汝想看爷爷、妈妈，我也想看汝们。汝好好读书，学作诗文，我家是读书之家，汝须知之。此两笺是我画的，汝学画否？此祝汝平安。七十五岁老人手写。三月。

（以上两篇为何振岱家书手迹）

注释：

[1] 恒孙：何恒，系何振岱次子何知平长女。

点评：

爱孙之笃，触目可见。然犹不忘以读书相勖，盖其以“读书之家”标榜，志欲传衍，亦可见其对文化之重视，今人鲜能及此。

父兄苦诏子弟为学，子弟不从，至贫时乃欲其父兄，向禽兽之徒，为之求食，此何心哉！吾老矣，吾平日与诸子言，未必听从，诸子能不求食于禽兽，吾家之幸也。若使我为之代求于禽兽，我有廉耻，断不能捐之[1]以恤尔辈。

注释：

［1］捐之：舍弃它。

点评：

痛切。

子贤贫亦乐。世间大福子孙贤，此有钱难买之事。

点评：

子孙贤孝，一门和谐，自足乐也。

或家人，或朋友，相聚为修善之言，善虽未即修，觉胸中有一种光明之气，即吉祥也。

点评：

为善之人相互感染，即今人所谓“正能量”也。

一日一时，离不得“静”“敬”两字，贯之以一诚，至诚动天地、感神明。

点评：

持身甚正，持心甚纯。

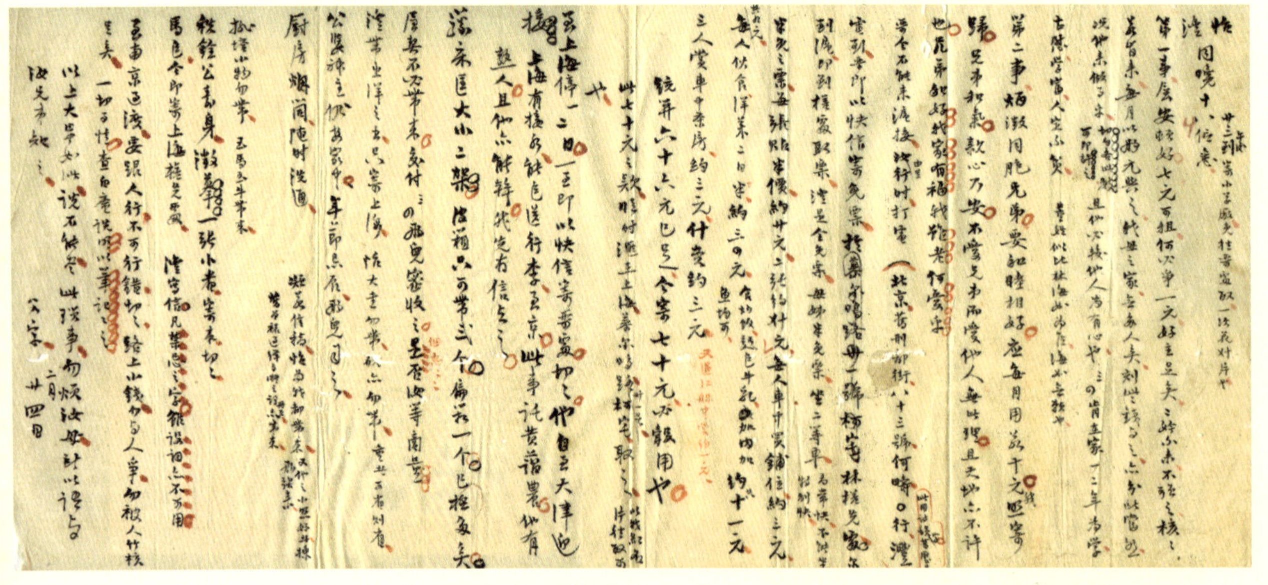

◎何振岱家书

◎何振岱晚年与家人合影

世间最难得者兄弟，诸儿虽各有疵病，然非绝不可语者，视僵爿[1]等则有间[2]矣。兄弟之间互相箴规[3]，互相劝勉，以彼之长辅我之短，复以我之长助彼之短，是兄弟而师友者也，何等有趣。兄弟和好，无须向外求友，虽性情不同而气脉宁有异者，在诸儿能深思之也。

注释：

[1] 僵爿：僵硬木讷，没有生气。

[2] 有间：有别，不同。

[3] 箴规：规劝、劝诫。

点评：

兄弟之间磨砺极为要紧，独生子女无此受益矣。

遇小小违心之事，只宜自排遣，勿因之郁抑躁急，养生之方，亦处世之法。老来阅历有得之言，愿家中人知之。（以上六篇出自何振岱日记）

点评：

委曲之处，正观其气量如何。躁急不仅败事，且亦伤身也。

◎林白水像

林白水

一国的根本 都从一家做起

林白水（1874—1926），原名獬，又名万里，字少泉，闽侯青圃人。光绪二十四年（1898），赴杭参与创办求是书院等四所新式学堂，任求是书院总教习。二十八年同表弟黄展云等在福州文儒坊卢家祠创办福州蒙学堂，培养革命人才。民国二年（1913），被聘为总统府秘书兼直隶省督军署秘书长。后创办《中国白话报》《公言报》《平和日刊》《新社会报》《社会日报》，以白水为笔名，发表政论文章，揭露军阀政客的黑幕丑闻。报纸多次被查封，他也多次入狱。终遭军阀张宗昌逮捕、杀害。有《林白水先生遗集》传世。

没有国，就没有家；没有家，就没有国。这"国家"二字，犹如天上的比翼鸟，地下的连理枝，山中的狼狈兽，一般都是万万离不开的。

点评：

家国原是一体，如能以爱家之心爱国，则国必盛。国盛，家乃昌。

一国的根本，都从一家做起。一家齐了，家长又齐了，无论那样贫弱的国度，难道还不能兴旺起来么？所以一家的齐不齐，非但关系一家的幸不幸，明理的人就能从此看到他一国了。你想一家的人内中最亲者，莫如父子、兄弟、夫妻。朝朝同起同睡，日日同坐同行，相爱相助，没有一句闲话。此实出于天性的感情，不可自弃。譬如有一个幼童，在慈母膝下时节，受了慈母深厚的爱情，恳笃的教训，因此那亲爱的心，自然缠绵固结，牢牢记着。倘能把这个心，从一家推到亲族、邻里上去，再推到世界上一切人等去，那人世上的进步还可限量么？

点评：

推己及人，博爱于民，惜世人难以至此，是以争斗不息。

古人把兄弟来比做手足，这真是绝顶聪明的人，才能够找出这样绝妙的比喻来。如今世上人已听惯了，多当作耳边风一般，唉！真是可叹呢。你想一个人自幼儿便有了两只手，两只脚。我请问，这两手两脚，为什么人人多爱护他呢？因为伤了手脚，身体上一定要受损害。这个理我就问那三四岁的小孩儿也能知道。其实兄弟和手足并没有什么两样，为什么世上的人，见解反不及那小孩子呢？

点评：

平常语往往寓含深妙之道理，正因经典，故而习听习见，深可玩味。

凡是有国家思想的人，必不善于谋利。他平常时候，重义气，轻利害，便是刀斧到了面前，还是不怕。若说谋利的人，却要带些奴隶性质，打也由他，骂也由他，他的一生，便在铜钱眼里翻着一世的筋斗也翻不出。你道这些人，还有什么竞争心呢？还有什么爱国心呢？好赌的人，虽然说不到这个地步，却也是好利的一小部分。但是好利的人，总还要有些本钱才可做点生意。好赌的人，偏要做没本钱的生意。你欺我，我诈你。一家的人变成敌国。今朝赢了，我喜你怨；明朝输了，我怨你喜。你我是个朋友，算是同部中顶亲爱的。不亲爱的人，还应该亲爱他；倒是顶亲爱的人，偏弄成一个不亲爱。我看过多少好赌的人，连朋友家人都是离叛，等到这个地步，还和他说保同种、保国家，真是万水千山相差太远了。（以上四篇出自《林白水文集》）

点评：

自古国不以利为利，而以义为利。能去功利心，则能公而忘私，精诚团结。既名同胞，理当亲如一家。能去私利而就大义，则国家必能昌盛发达。

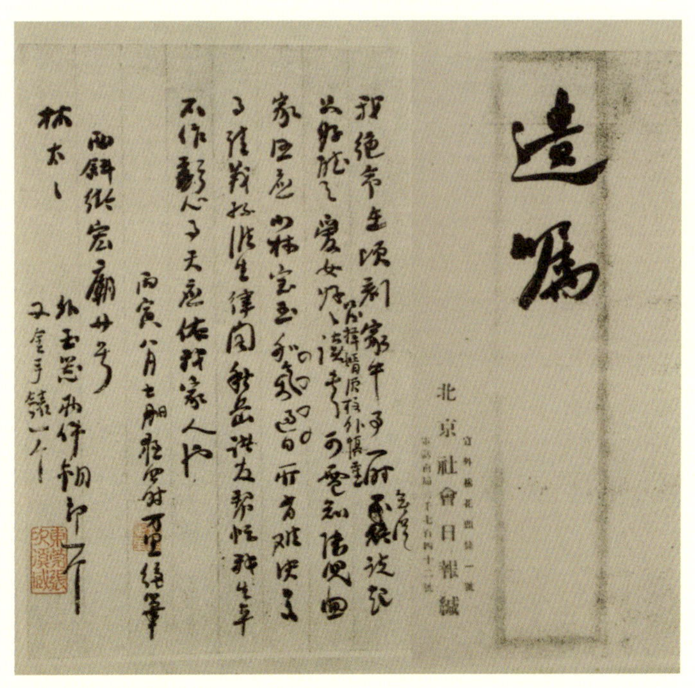
遺囑

北京社會日報緘

◎林白水遗嘱

林　旭

◎林旭像

威重以固学　谨慎以律己

林旭（1875—1898），字暾谷，号晚翠，侯官（今福州市）人。少时聪颖，博览群书，胸怀大志。光绪十九年（1893）福建癸巳科乡试第一名举人（解元）。甲午战败后，参与"公车上书"，并结识康有为。二十三年任内阁中书。次年与同乡京官组织闽学会，推动维新运动。同年九月，授四品卿衔，入军机，参与新政。戊戌政变时被捕遇难，为"戊戌六君子"之一。著有《晚翠轩集》。故居在郎官巷。

致诸弟书

绛、彦、修[1]弟如晤：……有询曩别赠言，何以答以无暇日为然？盖诸君今日之患，皆鄙人所深历者。其始父兄愧厉[2]之，己亦有所激发，扪心自计，曰奈何奈何，誓不复出。迟之数日，而气稍衰，曰吾亦苦矣，学亦当进矣。欠伸而起，自恕之念生矣。小慧之言，不觉其出于口；无益之作，不知其属于身，有诃[3]之者，犹以暂放解也。故态渐复，则腼然[4]矣。如此者岁常三四，弗能自克，坐[5]是于学，迄无所得。徒事剽窃，以冀时誉，一自思念，辄为汗下。诸君质力[6]见胜十倍，窃恐始勤终惰，或出一辙，故愿以鄙人病根为诸君殷鉴[7]。

注释：

［1］绛、彦、修：皆林旭的堂弟。

［2］愧厉：使有所愧，然后自勉。

［3］诃：怒骂责怪。

［4］腼然：厚颜无耻的样子。

［5］坐：因为，由于。

［6］质力：才华能力。

［7］殷鉴：殷代子孙应以夏的灭亡为鉴戒，这里指可以作为借鉴的事情。《诗经·荡》：“殷鉴不远，在夏后之世。”

点评：

治学最忌懈怠，况从而自饰者乎？自欺欺人，终成碌碌，此常人之通病也。故袁昶曰：“子弟有痴呆气方能治学。盖唯痴呆，方能恪守不移，卒成大器。小慧油滑，适足以自蔽也。”

威重以固学，谨慎以律己。（以上两篇出自《青鹤》杂志第三卷第七期）

点评：

治学不严则易殆，律己不慎则易过。苟欲博学寡过，舍此无他法也。

晚翠軒未刊稿

閩侯林旭遺著

致諸弟書

絳彥修

弟如晤別後當大進古人三日刮目此之謂耶文論之歎已成今憶過鄂假館更復岑寂帳空鶴怨人去猿驚今爲絳修道矣有詢曩別贈言何以答以無暇日爲然蓋諸君今日之患皆鄙人所深歷者其始父兄愧厲之已亦有所激發捫心自計曰奈何奈何誓不復出遲之數日而氣稍衰曰吾亦苦矣學亦當進矣欠伸而起自恕之念生矣小慧之言不覺其出於口無益之作不知而屬於身有訶之者猶以暫放解也故態漸復則靦然矣如此者歲常三四弗能自克坐是於學迄無所得徒事剽竊以冀時譽一自思念輒爲汗下諸君質力見勝十倍竊恐始勤終惰或出一轍故願以鄙人病根爲諸君殷鑒鄙人自治不暇又在同輩疑不當言然託親知敢援切磋之義異日諸君行成名立願其錄錄必不追謫其無謂也論者謂絳君志別有成失學甚易此宜深省然願之所同固不必諱惟以吾願待學而酬以策吾學不兩得乎勿爲祭者終棄芻狗可矣知哥佳章流傳欲遍少年好學畏者蓋衆自惟庸下詎附前賢然逢人說項固其志也韓公辭必己出彥侯當思此語威重以固學謹慎以律已於絳生是望焉有志未逮言之懷慚芻蕘雖愚冀有可采律詩一首奉寄和哥辭不足稱命意而已

致諸弟書

彥絳修

弟如見得書喜愧交作非分之言固宜獲罪然亦有恃而然乖以所述皆屬事實乃以絳生解人倘待中宵之悟始歎進言之難向者之輕於相恃也韓公一語稍過些然炙者量艾視面而下彥侯當諒我彥修詩甚佳前日亦有所寄視我謂何書中一聯全用唐人餞判語意旨殊不相涉以爲勉耶則並非美詞以爲責耶則幸無劣行試取本事思之當覺誤矣非國武子好招人過未審引此之故驟讀之未免驚異耳藏華保身實爲至言非摯愛不肯道先師幼蓮夫子嘗寄語及之引爲至感今復發之絳生甚佩甚佩家叔今日始至述諸君勖學殊慰自惟疎下託爲親戚甚願昆弟韡韡裾珠玉殊不讓人得附餘榮爲心固無他也行役無狀有辜稱許入都有事學殖不治暫逐觀光未嘗志中中當作中書耳預擬歸日鯉泉長夏倘欲備講習之用也惟起居善勝不備

◎林旭致诸弟家书

◎林觉民（右起第一位）与家人合影

林觉民

为天下人谋永福
助天下人爱其所爱

林觉民（1887—1911），字意洞，闽县（今福州市）人。考入全闽大学堂，参加汉族独立会。光绪三十三年（1907）留日，加入同盟会。宣统三年（1911）春，回福建联络同志参加广州起义。三月二十九日，随黄兴、林文攻入总督署，在巷战中，中弹被捕，从容就义。此前，二十六日晚，给嗣父和爱妻写绝笔书，勉励妻"为天下人谋永福"。觉民为"黄花岗七十二烈士"中"福建十杰"之一。其《绝笔书》于民国十三年（1924）春摹印刊行，广泛流传。其杨桥东路故居，已辟为纪念馆。

与妻书

意映卿卿[1]如晤：……吾自遇汝以来，常愿天下有情人都成眷属；然遍地腥云，满街狼犬，称心快意，几家能彀[2]？司马春衫[3]，吾不能学太上之忘情[4]也。语云：仁者"老吾老以及人之老，幼吾幼以及人之幼"[5]。吾充吾爱汝之心，助天下人爱其所爱，所以敢先汝而死，不顾汝也。汝体吾此心，于啼泣之余，亦以天下人为念，当亦乐牺牲吾身与汝身之福利，为天下人谋永福也。汝其勿悲！（手迹影印件）

注释：

［1］卿卿：夫妻间的爱称。

［2］能彀：能够。

［3］司马春衫：形容悲伤凄切。"春衫"应为"青衫"。语出白居易《琵琶行》"座中泣下谁最多？江州司马青衫湿"。

［4］太上之忘情：太上：最上，最高。意思是修养最高的人可以忘记喜怒哀乐之情，也就是没有感情的意思。语出刘义庆《世说新语》："圣人忘情，最下不及情，情之所钟，正在我辈。"

［5］老吾老以及人之老，幼吾幼以及人之幼：尊敬自己的长辈，推广开去也尊敬人家的长辈；爱抚自己的儿女，推广开也去爱抚人家的儿女。语出《孟子·梁惠王上》。

点评：

庄子曰："真者，精诚之至也。不精不诚，不能动人。"此书情真意切，不忍卒读。爱妻之情与爱国之情交错，卒能忍小爱以就大爱，推此心于天下，慷慨赴义，非唯别妻之辞，亦为正气之歌也。

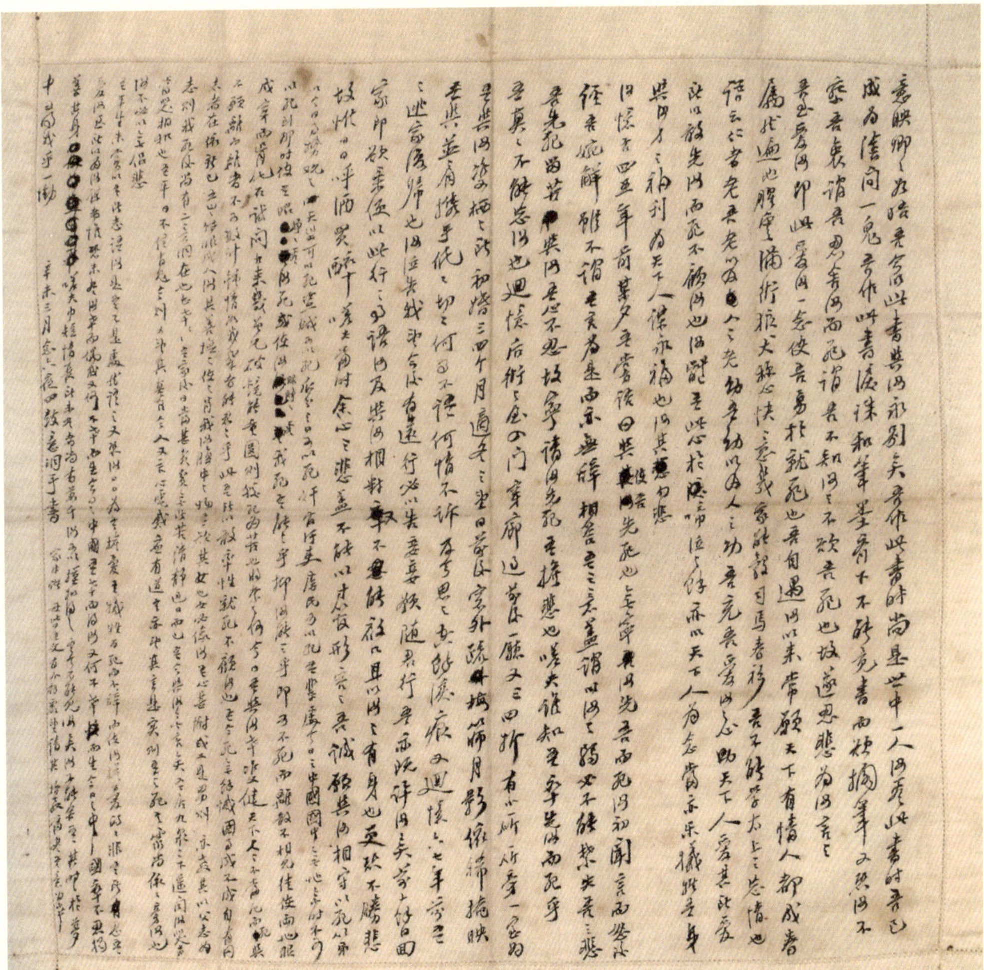

◎林觉民《与妻书》墨迹

◎吴石与家人合影

吴　石

应知自立　为善人
谨守吾家清廉节俭家风

吴石（1894—1950），原名萃文，字虞薰，闽县（今福州市）螺洲人。民国初年（1912）投身北伐学生军。抗战时期任第四战区少将参谋长。后升军政部中将主任参事。三十五年，任国防部史料局局长。三十八年，任福建省绥靖公署副主任。到台湾后，任台湾军事部门参谋次长。收集、递送台湾军事情报给中共中央，并掩护中共秘密特派员，因叛徒告密被捕，在台湾遇害。1972年被追认为烈士。故居在宫巷。

余素不事资产，生活亦俭朴。手边有钱，均以购书与援助戚友。抗战前余薪入较丰，所羡余[1]于抗战期间补贴无遗。胜利后，以人事纷冗，用度较大，有赖刘功芸兄与长芝族重侄经济上援助者靡甚[2]，余何能忘之。所望儿辈体会余一生清廉，应知自立，为善人，谨守吾家清廉节俭家风，则吾意足矣。（《吴石诗文集》）

注释：

［1］羡余：盈余，剩余。

［2］靡甚：更甚，更多。

点评：

以清廉风操遗子孙，使之节俭乐施，树德积福，所遗岂不多哉！

学女、乖乖[1]：要小心好好的看着，一切家中事情请教胡伯伯[2]，并请其照顾帮忙。门户好好的看，东西要收拾清楚。爹字。（郑立《冷月无声吴石传》）

注释：

［1］学女：吴石之女吴学成。乖乖：吴石小儿子吴健成。

［2］胡伯伯：指胡雄将军，曾与吴石一家比邻而居。

点评：

临危不乱，神志清晰，盖赴义而死，千古所然。心无所愧，何忧何惧？所惜幼女孤童，身未长大，便失所怙，不无嵇叔夜之悲也。

◎吴石狱中遗书

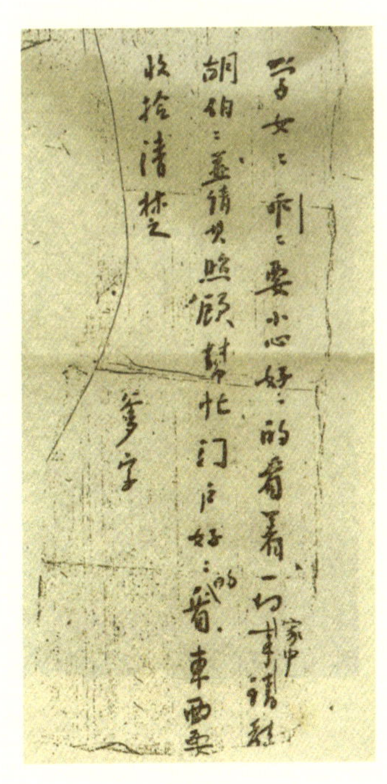
学女、乖乖：要小心好好的看着，一切家中事请胡伯伯并请其照顾帮忙，门户好好的看，东西要收拾清楚
爹字

◎吴石与儿女遗书

◎谢冰心像

谢冰心

继承我们农民祖先勤劳勇敢的劳作精神　加以发扬光大

谢冰心（1900—1999），原名婉莹，长乐人。入北京协和女子大学，1919年8月发表处女作。1922年发表《繁星》《春水》。赴美留学，回国后在燕京大学、清华大学任教。抗日战争时期赴日本。1951年归国，任全国人大代表、全国文联副主席、全国作协名誉主席。一生笔耕不辍。著有小说集《超人》《往事》，通信集《寄小读者》，出版《冰心全集》《冰心文集》。童年居杨桥东路林觉民故居内。

谢氏家谱序

……我认为族谱是承上启下的家族历史，对家史的注重和关怀，是爱祖国、爱人民的起点！我祝愿谢氏男女子孙，继承我们农民祖先勤劳勇敢的劳作精神，加以发扬光大，精研各种科学技术，面向现代化、面向世界、面向未来，为我族的繁荣昌盛，为祖国的飞跃振兴，而尽上自己最大的力量！（《冰心全集》第八卷）

点评：

离乡在外，根心故园。不能爱家，焉能爱国？不能亲亲，又岂会爱人？故祈祝其宗族昌炽，为国奉献，亦足见其赤子之心也。

一九八六年六月四日，有福建省长乐县横岭乡的三位乡亲，谢振瑜、谢草仙、谢捷先，带着许多故乡的史迹相片和记录，專程来京要我为即将修订的族谱作序。这使我感到光荣而又惭愧，我自幼离乡，对于乡土乡人极少接触，但我认为族谱是承上启下的家族历史。对家史的注重和关怀，是爱祖国爱人民的起点！我祝愿谢氏男女子孙，继承我们农民祖先勤劳勇敢的劳作精神，加以发扬光大，精研各种科学技术，面向现代化，面向世界，面向未来，为我族的繁荣昌盛，为祖国的飞跃振兴，而尽上自己最大的力量！

谢冰心 一九八六年六月七日

◎谢冰心《谢氏家谱序》手迹

◎郭化若像

郭化若

气节 清廉 立志 正直

郭化若（1904—1995），名俊英，字可彬，福州人。黄埔军校四期毕业，1925年加入中国共产党。参加北伐战争、南昌起义。赴苏联学习回国后，任红四军第二纵队纵队长。抗战时期，任中央军委一局、四局局长等。解放战争时期，任华东野战军第六纵队副司令员、第四纵队政委。新中国成立后，任淞沪警备司令、南京军区第一副司令员，授中将军衔。后任军事科学院副院长、中国共产党中央顾问委员会委员。著有《军事辩证法浅说》《孙子译注》《郭化若诗词选》。

做人一定要恪守以下几点：

一、气节。要有宁死不屈的气节，要精忠于国家和人民，遇到生死关头，宁慷慨牺牲，决不屈辱投降。要学《正气歌》中所举的“为张睢阳齿，为颜常山舌”。

二、清廉。薪金用以养廉，不贪污，不受贿，才能办事秉公，光明正大。

三、立志。要能辨别方向，要有雄心，有壮志，不贪小利，为公不为私。

四、正直。言行一致，远离阿谀、谄媚之辈，不交投机取巧之人。做一个真正的正派人，决不做趋炎附势之人。（《郭化若文集》）

点评：立志高远，持身纯正，则必能清廉有气节，其要旨在于能诚，意诚而后心正。能做到以上数点，方是合格之人。

遵其所闻行其所知，廉不言贫勤不言苦。（《郭化若书法集》）

点评：

非知之难，行之所以为难也。君子贵乎知行并重，表里如一，故以勤廉为乐者不言贫苦，盖以是为居官修身之道，遂甘之如饴也。

林徽因

什么都不怕　什么都顶有决心才好

林徽因（1904—1955），女，原名徽音，福州人。1924年赴美入宾州大学，毕业后又入耶鲁大学。1928年春，与梁思成结婚。1940年，协助梁思成修改并完成《中国建筑史》初稿和用英文撰写的图录稿。1949年，编成《全国文物古建筑目录》。新中国成立后，任清华大学建筑系教授，参加国徽图案设计。林徽因也是诗人、小说家，被誉为“一代才女”。祖居在杨桥东路林觉民故居。

我们希望不打仗事情就可以完，但是如果日本人要来占北平，我们都愿意打仗，那时候你就跟着大姑姑那边，我们就守在北平，等到打胜了仗再说。我觉得现在我们做中国人应该要顶勇敢，什么都不怕，什么都顶有决心才好。……你做一个小孩，现在顶要紧的是身体要好，读书要好，别的不用管。现在既然在海边，就痛痛快快地玩。你知道你妈妈同爹爹都顶平安地在北平，不怕打仗，更不怕日本。过几天如果事情完全平下来，我再来北戴河看你，如果还不平定，只好等着。（林徽因《给梁再冰》）

点评：

强寇入侵之时，必有决心自信，同仇敌忾，一致对敌。切不可自乱阵脚。待人固然要和，抗敌则需要勇，盖除恶不可不如此。临难之际，大节不夺。

◎林徽因与子女照

◎邓拓像

邓 拓

多劳动 多工作 多学习

邓拓（1912—1966），福州人，1930年参加中国左翼社会科学家联盟，加入中国共产党。抗战期间任晋察冀日报社社长。新中国成立后，任中共北京市委政策研究室主任、宣传部部长，人民日报社社长。“文化大革命”中含冤去世，1979年平反昭雪。著有《燕山夜话》《邓拓文集》《邓拓诗词选》。故居乌山脚下，已辟为纪念馆。

家书

小岚：

接你第一封来信，实在像黑夜里盼见了星星那样地高兴啊！你初次远行，总算一切顺利……

看来你在舞校考试大概已经得到最后的结果了，学校已经通知了吗？这是选择自己前途的极重要的时刻啊！我亲爱的孩子，你一定要以自己的聪明智慧，翻来覆去地从各个方面仔细考虑，正确地安排自己要走的道路……你年纪很小，很多事情没有经验，你要知道，如果选择学习的时候不慎重，将来年纪大了要改行太苦恼了。我希望你能够选择一个在各方面都比较适当的学习道路，使你的一生能走一条符合社会需要、也符合你自己愿望的最好的道路，你说我这样的想法对不对呢？

祝你好

爸爸

七月十六日

（庞旸《邓拓和他的家人》）

点评：

1958年，邓拓之女小岚因观苏联著名芭蕾舞蹈演员乌兰诺娃之精彩表演，欲学舞蹈，邓拓及时书写此信，告其行事前当慎重抉择、考虑周到，不要率性而为，否则，悔之晚矣。其言足令我辈借鉴。

古来一切有成就的人，都很严肃地对待自己的生命，当他活着一天，总要尽量多劳动、多工作、多学习，不肯虚度年华，不让时间白白地浪

费掉。

点评：

善待己身最佳之法莫过于不以有限年光枉做无益之事。

不管学习和研究什么东西，只要专心致志，痛下工夫，坚持不断地努力，就一定会有收获。

点评：

常言道：坚持便是胜利。坚持之所以能够胜利，乃在量变引起质变。做事最忌半途而废，苏轼曰：“古之成大事者，不惟有超世之才，亦必有坚韧不拔之志。”果能“用志不分，乃凝于神”，长此以往，何患无成？

我们对于任何崎岖艰险的道路，都要有胆量走过去，因为我们做着空前伟大的事业。

点评：

胆魄源于自信，源于对信仰之追求，故能不畏艰险，披荆斩棘，可见信仰极为重要。

我们生在这样伟大的时代，活动在祖先血汗洒遍的燕山地区，我们一时一刻也不应该放松努力，要学得更好，做得更好，以期无愧于古人，亦无愧于后人！

点评：

《诗》云：“夙兴夜寐，毋忝尔所生。”苟能有志无愧，便是难能可贵。

我们求知识，光是精通一二门，虽然很必要，但还不够，还应该要求渊博。这样更能融会贯通，开阔眼界。（以上五篇出自邓拓《燕山夜话》）

点评：

学问之事，无非做到博而能约。博而不精则流于泛滥，精而不博则近于狭隘也。

人在什么地方都一样，边疆更需要人去工作，你虽然年纪不算轻，但还是可以多走些地方，多做些工作，你会感到有意义的。（邓全《怀念拓叔》）

点评：

经验皆从历练得，能为社会所需贡献绵力，又能从中获得阅历充实自己，利人利己，意义斯在。

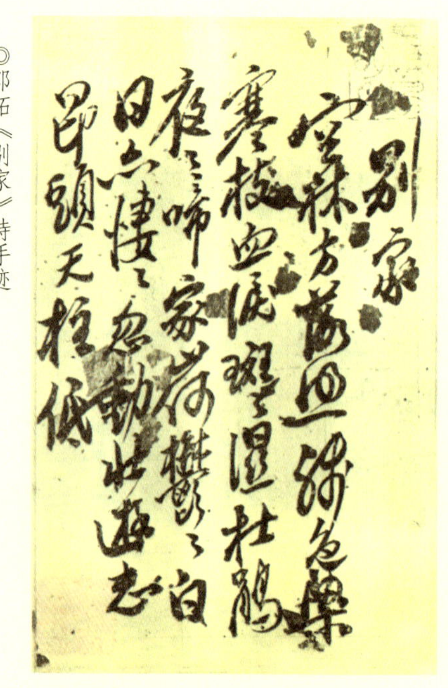

◎邓拓《别家》诗手迹

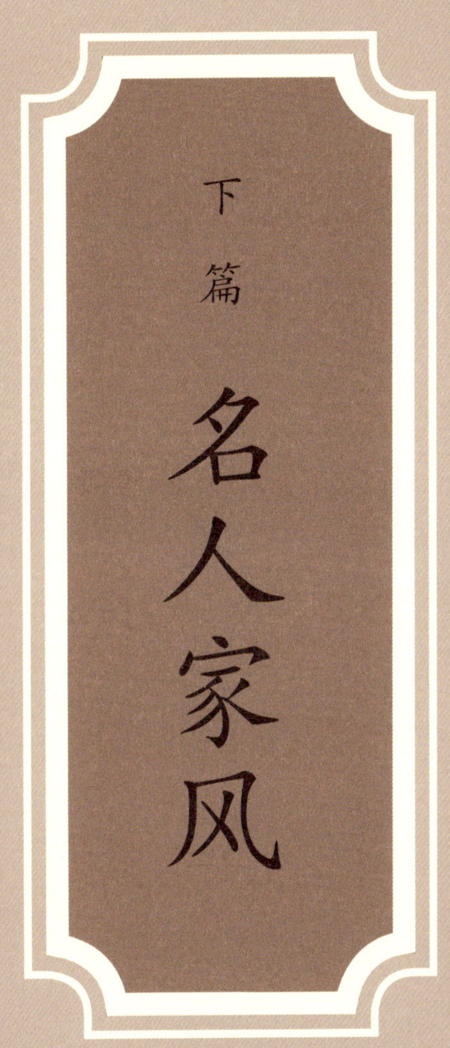
下篇
名人家风

陈襄临终付子以“先圣先师”四字

志在先圣兮 死亦罔迁
笔以传圣兮 忠仁则坚

北宋时期，古灵陈襄与同里陈烈、周希孟、郑穆为友，提倡发扬儒家之道，并身体力行，从学者日众，树矜式于闽中，人称“海滨四先生”。陈襄的学说主要是讲明孔孟“知天尽性”之学，尚“诚”，对后世影响甚大。

陈襄中进士后，步入仕途。其居官不以升迁为目的，重在展其抱负，故居官三十八年，政绩卓著。宋神宗素重陈襄，司马光、苏轼、曾巩等人即经陈襄举荐而为朝廷所用。《四库全书》所收《州县提纲》一书，即为他所作，被誉为古代州县处理政务的指南。陈襄平生最善于讲学，史称其“莅官所至，必务兴学”，汲汲以讲孔孟之道为己任，兼济乐育之心，大抵出于天性而非别有所求。

陈襄兄弟三人，兄陈交，弟陈章，《古灵集》中有《寄弟衮》诗，或即陈章，诗中有“人不患无位，患己德不修”句，乃修身之箴言，其行状称“教畜弟妹甚劳，皆有成立”。陈章后来成进士。有妹二，一适刘彝，一适郑穆，皆理学名宿。

元丰三年（1080）三月十一日，陈襄病逝于京师，没前数日，默而无言，虽病已重，然恬愉自若，家人绕床而跪，泣告有何遗言留示子孙，陈襄应道：“能有什么话，唯静静地等待天命。”乃命家人备纸笔，书“先圣先师”四字，授笔而终。延平陈瓘诔其词曰：“志在先圣兮，死亦罔迁；笔以传圣兮，忠仁则坚。”二语最能道其一生的志业。陈襄有子二人，长绍夫，官秘书省正字；次中夫，官将作监主簿。

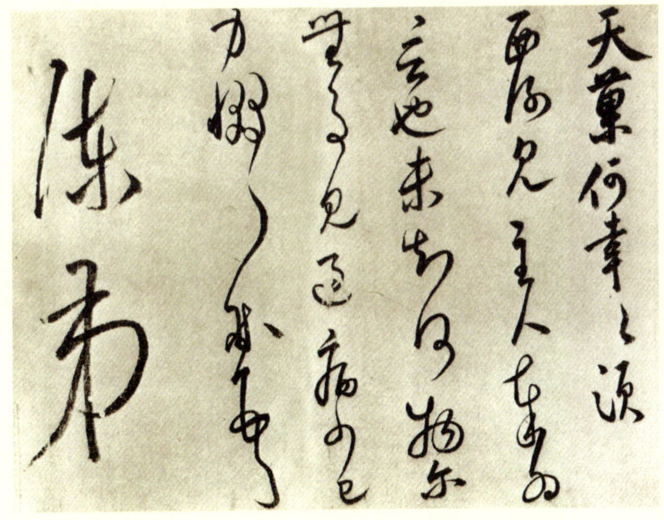

◎陈襄手迹

林瀚教子

四知堂 能孝于家者 斯尽忠于国也 稼穑艰难 学吃亏

明代南京吏部尚书、工部尚书林瀚，其子孙聚居于福州城内文儒坊，里人称其地为“东林宅”，或“东林里”。

濂江林氏发迹是从林瀚之父林镠（元美）开始的，林镠中永乐十九年（1421）进士，历任上犹知县、宁海知州，官终抚州知府，为官清廉，广施仁政。致仕居家，友人戴弘龄在一次聚会中握着他的手对大家说：“公有‘四知’，诸位知道吗？”座客都以为讲的是汉代杨震“天知、神知、我知、子知”的故事，戴弘龄摇头说：“官做到知县、知州、知府，也还容易，而先生的‘知足’却是一般人鲜能做到的。”此谓“四知”，即称颂林镠从知县、知州做到知府，一贯以知足的心态应对一切，是个公正廉洁的清官，后来曾孙林烃在家庙后建“四知堂”来纪念他。

林瀚成化二年（1466）中进士，官吏部、兵部尚书，名位至显，生有九子：庭桂、庭㭿、庭楷、庭杓、庭樟、庭枌、庭榆、庭枝、庭机，立有家训，首先便是嘱咐子弟要读书。家训如今虽已不存，然翻阅《林文安公文集》，中载家书数篇，不论训子还是教孙，总以读书上进为谆谆训勉，可谓用心良苦。林瀚与其子林庭㭿、林庭机，及孙林燫、林烃等，祖孙三代先后官至尚书，位居一品，人称“三世五尚书”，又有“七科八进士”之誉（四代八人中进士），这在全国也属凤毛麟角。林瀚与子庭机、孙林燫又都担任过国子监祭酒，相当于全国最高学府的主管，可见林氏诸子不仅官位极崇，在学问上也堪为良师。总之濂江林氏文风之盛，林氏裔孙声名之隆，实得益于林瀚所教导的“读书”二字。

除了教子孙读书，林瀚还教育诸子做官要“清慎勤劳，修举职业，思振家声为可”，并以“报国”勖子孙，后来子林庭㭿、林庭机，孙林燫、林烃皆扬历中外，官至尚书，砥节砺行，一秉先人为官清廉、志在报国的遗训。如林燫致仕后因屋被火毁，至死都无力购置新宅；林烃致仕后也是布衣粗食，所余不过图书几箧而已。

早在弘治十二年（1499），林庭㭿中新科进士不久，林瀚便寄家书训诫：“仰赖祖宗积德流庆，既钟我尚书先公，复延于我，又逮于汝，皆以黄甲发身，致位通显，幸莫大焉。当尽心竭力图报朝廷，增光先代，惟我与尔皆所当勉。”后刘瑾弄权，陷害忠良，朝政倾颓，林瀚以刚直得罪刘瑾被贬，他曾对人说，自己便是以此来教育子孙该如何忠君爱国的。自林庭㭿而下，听了无不凛凛然。

正德九年（1514），林庭㭿升任云南布政司左参政，以父亲林瀚八十一岁高龄致仕在家，上疏请辞归养，朝廷不准，仅准以探亲之假。林庭㭿回家后又上疏请归养，疏云：“臣闻之古云，求忠臣于孝子之门，盖谓能孝于家者，斯尽忠于国也。今臣父垂白在堂，朝不保暮，臣若勉强就道，万里分违，倘以念臣之故，忧病不虞，则臣乃不孝之子，天地间大罪人也。有臣如此，陛下将焉用之？”朝廷终念林瀚累朝名德，批准在籍养亲，并令当地官员时时加以问候。这一年，林庭㭿之子林炫刚好中进士，官礼部主事，也请假回里省亲，三世同堂，乡人称盛事，这在当时公卿间也是前所未有的殊荣，林瀚喜极而泣，对儿孙们说：“吾家世受国恩，今又荷兹殊宠，顾吾老矣，无能为报，尔曹不可不勉！”

林瀚晚年致仕还乡，在祖居东边建祠堂十数楹，祀林氏合族远祖。正德十三年（1518）三月，八十五岁的林瀚亲率子林庭㭿、林庭楷，长孙林炫祭扫城门狮头山祖坟，归途中，望见农家老少在田中力作插秧，挥汗如雨，他对随行子孙感叹道：“稼穑艰难，有如此哉！尔曹不可不知！”并在附近摩崖上题刻记此事，用以昭示后来子孙，纵然是世代读书，也不可不知农事劳动的艰难辛苦。

林瀚之父林镠临终时，告诫五个儿子：“惟和顺，惟读书，惟守分循理，以无玷祖宗，吾瞑目地下矣。”正德十四年（1519）九月二十九日，林瀚以微疾卒，年八十六岁。卒时，诸子孙都在身边，世人以为始终全福。临终，子孙跪请有何遗言，林瀚说：“学吃亏而已。”所谓临事让人一步，自有余地，“吃亏”二字，实是修身处世良方，也是昌盛本源。由此可见濂江林氏的家门鼎盛，“三世五尚书，七科八进士”的称誉，绝不是无缘无故得来的。

万历年间，福州当地官员在福州府学射圃建世忠祠，专祀林瀚、林庭㭿、林庭机、林燫、林烃祖孙五人，督学使赵参鲁额以“世忠”二字，表彰林氏三代竭忠报国之事，并以劝世。故按察使陈奎在《世忠祠后记》中说：“士习之敝久矣，竞进罔利，猬集蝇营，可忍言哉！诚使缙绅士夫睹是祠，而景其行，幸进之途塞，贪饕之风息，则是祠之建，匪以私于林氏，其所关于世道人心非浅鲜也。”

◎林瀚留示子孙“稼穑艰难”的摩崖石刻

曾异撰为母建纺授堂

手纺口授 持身以介
济世以仁 勿以贫困而有所徇私

曾异撰是明季名士，其传见载于《明史》。他究心经世之学，有异才，张潮的《广虞初新志》收有郑梁《曾弗人传》一文，叙其事迹甚详。

曾异撰一生甘贫守志，有颜回箪瓢之乐，工诗文，善书法，其先原为晋江籍，后迁居福州丰井营甘液里，建有纺授堂，著《纺授堂集》传世。“纺授”二字，今人有作“纺绶”者，实误。“纺授”即手纺口授之意，是为纪念其母早年抚子而命名的。

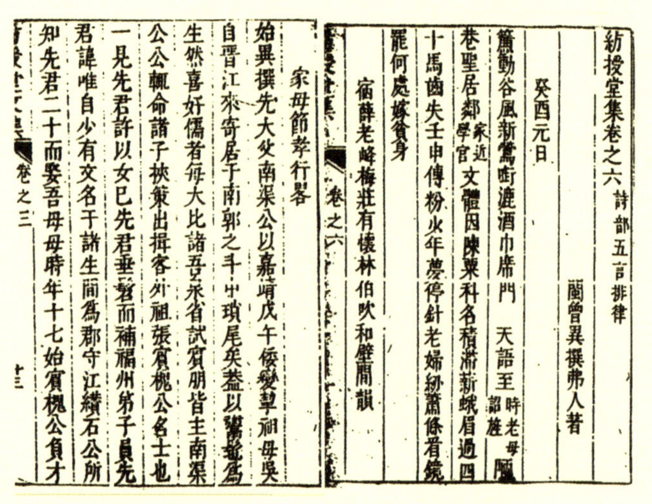

紡授堂集卷之六 詩部五言排律

閩曾異撰弗人著

癸酉元日

簾勤谷風新鶯哢漉酒巾席門 天語至 時老母部旌 颺

巷聖居鄰 家近學官 文體因陳菜科名積漸薪蛾眉過四

十焉齒失壬申傳粉火年蔓停針老婦紛蕭條看鏡

罷何處嫁貧身

宿薛老峰梅莊有懷林伯吹和壁間韻

紡授堂集 卷之六

家母節孝行畧

始異撰先大父南渠公以嘉靖戊午倭變挈祖母吳

自晉江來寄居于南郭之半中項尾矣蓋以驚悸為

生然喜好儒者每大比諸吾長省試賓朋皆主南渠

公公輒命諸子挾策出揖客外祖張賓槐公名士也

一見先君許以女已先君垂髫而補福州弟子員先

君諱唯自少有文名于諸生間為郡守江續石公所

知先君二十而娶吾母母時年十七始賓槐公負才

紡授堂文集 卷之三 十三

◎曾异撰《纺授堂集》书影

曾异撰是遗腹子，母亲张氏出身儒门，以读书教子。曾异撰六岁上学，白天在外上私塾，晚上回家，张氏篝灯于床，展书于枕，一边纺织一边口授，曾异撰偃卧于床上诵读，不至三更不休。天渐亮，张氏起身，曾异撰也跟着起来，张氏纺织于房内，曾异撰则立于屋檐读书，声稍懈，张氏必操尺呵责。张氏早寡，立志育子成才，故平日对儿子似未尝有舐犊之爱。张氏在夜晚授书之余，抱曾异撰于灯影中，母子相对，告以育子之艰。

曾家极贫，常采薯叶为食，张氏却谆谆告诫儿子，持身以介，济世以仁，勿以贫困而有所徇私，故曾异撰出名后以文章受到达官贵人的赏识，却不曾以一己之私而有所求于人，都是秉母教之故。

曾异撰成名后，因念母亲早孀苦节，自己穷厄依然，以不能显扬禄养为悲，特撰《家母节孝行略》，遍请名流作传，后巡抚上奏，于崇祯十四年（1641）旌表，建纺授堂，用以报母亲手纺口授的养教之恩。

叶观国座右铭

扁担公　俭以养廉
勤以补拙　当常惺惺耳

三山叶氏“五子登科”比起侯官郭家为早，且累世翰林，为福州之冠，世称“六世八翰林”。叶氏之兴，肇始于叶观国。叶观国先世贫寒，有所谓“扁担公”者，是其祖父，家贫弃儒学贾，仅靠一扁担肩物，得资自活。久之益困，欲投水自尽，先举扁担投之，私下祷词：“他日若能发迹，则扁担立于水，留命以待。”扁担果立于水，后娶妻生子，重拾儒业，至叶观国，家始顿振。

叶观国以名翰林历官四十年，曾经“八掌试事，三任学政”，操行不苟，居官刚正，以勤慎自矢，同僚莫不交相推重。叶观国为官事事躬亲，尝书“俭以养廉，勤以补拙”二语于座右，用以自箴，并以此训示子孙。其第五世孙叶在琦官贵州学政时，父叶大焯曾手录叶观国传，对叶在琦说：“汝熟复此传于心，当常惺惺耳。”盖叶观国居官言行及座右铭，尽在其传略之中。

叶观国生有子七人，其中三人成进士，两人为举人，自叶观国起，六代（第四代只出举人）之中，出有翰林八人，分别为叶观国、叶申万、叶申芗、叶敬昌、叶大焯、叶大遒、叶在琦、叶在藻，世称“六世八翰林”，在福建科举史上也是空前绝后之事，全国亦罕有其例。叶氏子孙后代居官，无不秉承先人座右铭，谨守勿谖。

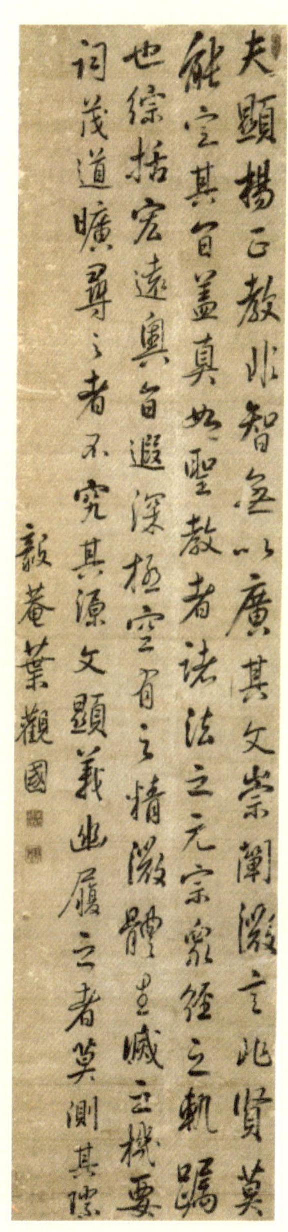

◎叶观国书法

黄惠与《教子一经图》

遗子黄金满籝　不如教子一经
课儿图是传家训

乾隆十九年（1754），永福黄惠（字成迪，号心庵）中进士，其伯父、名诗人黄任大喜，赋诗《喜惠侄成进士归里》相贺，其中有句云：“承家在报国，不独绍书香。”勖勉有加，饱含黄任对侄子的炽热亲情。黄任晚年丧子、丧孙，黄惠便以第三子黄永健承嗣黄任之子黄度。黄惠中进士后曾任江西高安知县，有循声，分修乾隆《福建续志》《福州府志》，并于乾隆二十六年纂修《麟峰黄氏家谱》，著有《余事斋诗文集》。

黄惠生有四子，长子黄炜（拙岩）、次子黄煜（旦轩）、三子黄永健（乾斋）、四子黄淮（佳水）。家风整密，教子严笃，曾绘有《教子一经图》，盖本汉代名儒韦贤“遗子黄金满籝，不如教子一经”的典故，韦贤生有四子，都很有成就，黄惠也有四子，课子之志，不言而喻。

黄惠的同年好友叶观国曾为此图题诗三首，其中第二首云：“辛苦龙洲种木奴，何如韦相一经迂。课儿图是传家训，好配楼家耕织图。”前二句言唐太守李衡辛苦种下千株柑橘留与儿子，

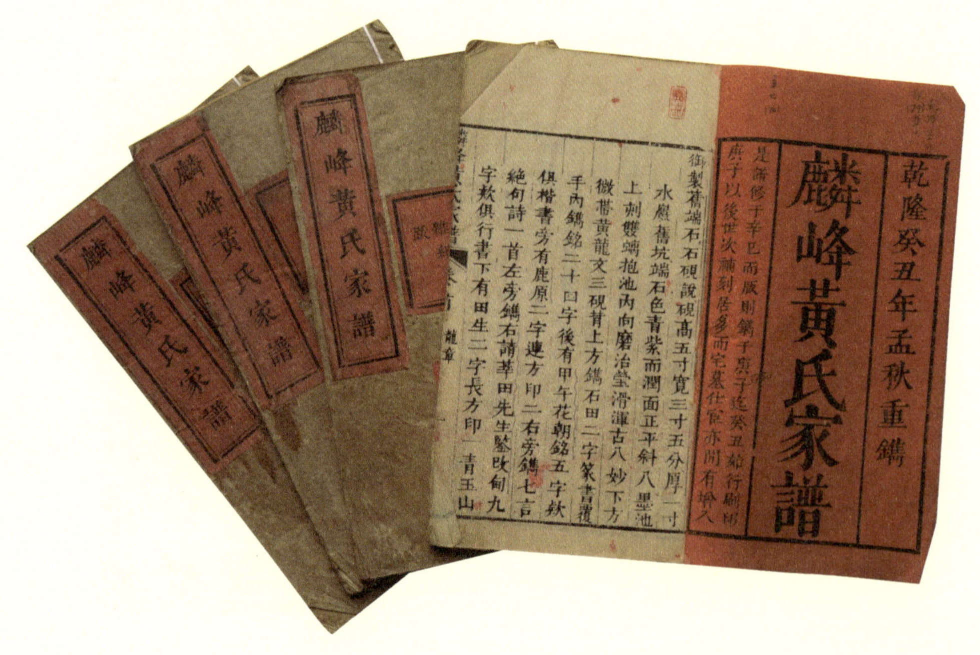

◎乾隆版《麟峰黄氏家谱》书影

◎麟峰黄氏祠堂楹联

不如汉代的韦贤传经书于儿子。第三首云："快马蟾蜍莫用疑，封胡遏末总英奇。阿翁剩有金针在，不度儿曹更度谁？"首句称黄惠满腹诗书，本苏诗"老兔自谓月中物，不骑快马骑蟾蜍"的典故；第二句是称赞黄惠的四个儿子年少英奇。二诗款款道出黄惠望子成龙的殷切之情。

光绪间，叶大焯跋《教子一经图》则云：

"往尝读柳玭《诫子弟书》，其言曰：'余见名门右族莫不由祖先忠孝勤俭以成立之，莫不由子孙顽率奢傲以覆坠之。成立之难如升天，覆坠之易如燎毛。'此数语者，怵魄警心，最发猛省。推先生命图之心，与古人若出一揆，而百余年来贤子姓辈出，世德家法，积久不坠者，盖义方之燉，基于此也。睹斯图而勉焉，黄氏之兴，绳绳未艾可知也。"

好的家风，多在于言传身教、耳濡目染。确如叶大焯所言，黄惠的子孙后代贤才群出，多有建树，既延黄任香草斋风雅之余绪，又恪守黄惠教子之遗训。次子黄煜，三子黄永健，皆中举人；孙子黄珙（庆安），道光十二年（1832）进士；曾孙黄斌，道光二十九年举人。黄珙曾购得曾伯祖黄任的遗砚二方，署二砚轩，绘《二砚图》征题来纪念先人。道光二十六年，又以"二砚轩"的名义为祖父黄惠刊印《余事斋诗文集》，魏敬中撰序称赞："不独见一门文采之盛，尤足征故家世泽之长。"

孟超然赒恤族人

先族戚之忧而忧
后族戚之乐而乐　贵急先务

孟超然绩学敦品，负重望，是乾隆时期闽中楷模人物，生平见载于《清史稿·儒林传》。他二十九岁中解元，三十岁成进士，随后入翰林院，任吏部郎中，又典试广西、视学四川，四十二岁时以亲老待养，辞官归隐，有“四十归田有二亲”之句，杜门不出，潜心读书，晚年主讲鳌峰书院，谆谆以培育人才为己任，陈寿祺、梁章钜、冯缙等人都是出自他的门下。

孟超然四十二岁时，以强仕之年急流勇退，辞官归隐，并以清俸所余赎回凤岗祖田三十亩，用以接济族人戚友中的孤寡老人和贫困之人，数十年如一日，每月给薪米五六家，以至家中无米可供，便向朋友借贷以济之，毫无难色；甚至有族人入其室径持衣物而去，他也不问，家人相告，也只是颔首而已，并令家人每日只以吃粥度日。其他如丧葬、嫁娶，无不倾力接济，受到他赡助的族人戚友不下百余人。孟超然曾言：“眼前至亲密戚，尚未能安顿帖妥，论学而云万物一体，皆妄语也。”这句话足令人心生端正。又言：“疾病阽危之顷，分属至亲，虽可不必为之事，亦须努力为之。”又言：“先族戚之忧而忧，后族戚之乐而乐。时存此心，或者其少有济乎？”其宅心仁厚，看重宗族姻娅，贵急先务有如此。故道光间修《福建通志》时，梁章钜曾以可入《道学传》来论孟超然，主纂陈寿祺听了也不能驳一字。

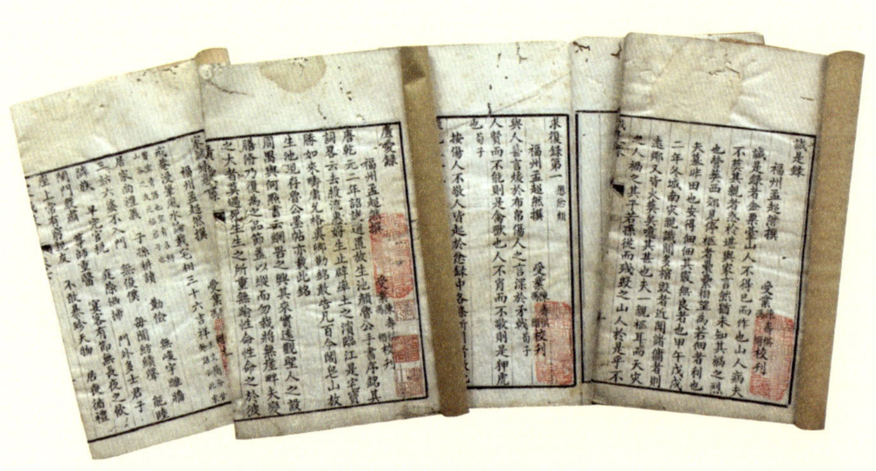

◎孟超然著作书影

何玉瑛减食育子

殖学勤于精 取法贵乎上

洗银营郑氏源自福清，清初郑君临迁至福州，至乾隆间郑廷相起即习儒业，善治生，慷慨好施。廷相有子郑楠，是国学生，善事母，后家道中落，性狷介，虽极困窘，也不肯向人借贷。

郑楠有妻何玉瑛，是大家闺秀，她的母亲是光禄坊林佶的孙女。何玉瑛淑慧知大体，工于吟咏，旁通绘画、弈棋，并精通音律，擅吹箫，著有《疏影轩遗集》传世。何玉瑛未出嫁时，即佐理何家事务，井井有条。兄病逝广东，一边强为欢笑慰母，一边谋返兄长的灵柩，又为兄长立子嗣。嫁入郑家后，育有二子：郑鹏程、郑鹏翮。儿子四五岁时，每天清晨即令坐在梳妆台前，亲自授书启蒙。儿子稍长上私塾，晚上回来，又亲自挑灯课读，为讲经史。她教子一绳以礼法，出入行坐，不许有一丝的轻佻，衣着稍有不整，便诘问令改正。因家贫，丈夫好学不务生计，何玉瑛不得不劳作养家，常常暗中自减己食，留给上私塾的儿子，她又怕儿子发现，便于饭底覆一杯，令上阜而丰，后来终被儿子郑鹏程发现了，郑鹏程面对贫穷的家境，悲泣不成声，自始吃饭时必待母亲吃完才进食。

何玉瑛有《口占勖儿》云：“殖学精于勤，取法贵乎上。功无一息宽，志欲千古抗。临渴而掘井，及泉乌可望。置身贤豪间，男儿何多让。”清婉可诵，勖子以“贤豪”，字字真至，字字情至，鹏程兄弟后来刊刻母遗集，读及勖儿之诗，犹是一字一悲。

何玉瑛于乾隆五十三年（1788）病逝，年仅四十四岁。郑鹏程于乾隆五十九年中举，嘉庆元年（1796）中进士，官至袁州知府。从此洗银营郑氏声名丕振，一门四代六人成进士，六人中举人，成为科举世家。郑氏鹏程以下字辈中有“世守孝友”四字，可窥其家风之一斑。读书为起家之本，循礼为保家之本，郑氏的兴盛，实皆基于何玉瑛的劬劳教子，且子孙又善继先人之志所致。

行述 九

除弊顧未竟所用僅於一二郡小試其端而遂賫
志以終耶嗚呼痛哉夫復何言耶　府君孝友出
自天性方垂髫時有術者决先大母壽終某歲
府君憂形顏色輒於無人時焚香泣禱冀以身代
少從塾師遊先大母常減己食以餉　府君而又
恐其傷也僞於飯底覆杯以飾之　府君察之悲
泣不勝自是每飯必先視大母食而後食戊申之
歲先大母亡哀毁骨立一病幾危既仕以不逮祿

◎郑鹏程行述记何玉瑛减食事

纪晓岚为长乐梁氏题“书香世业”匾

能传及十余世　困顿三四百年而不悔
德门十五叶　书香方济美

乾隆时期河间纪昀（晓岚）目空千古，才压一世，独对闽中士人另眼相待。盖闽士朴学，不务剽窃为声华，故纪晓岚为子弟择师，非闽都人士不聘。

曾国藩在家书中说：“吾不望代代得富贵，但愿代代有秀才。秀才者，读书之种子也，世家之招牌也，礼义之旗帜也。”可见曾氏对子弟读书的重视。清乾隆间长乐梁氏就是以十五世秀才为世所瞩目的。

乾隆二十九年（1764），河间纪晓岚提学闽中，见长乐梁上国文章，疑为宿儒所作，赞赏有加，询其家世，知梁家自明代以来，十五代皆秀才，书香赓续不断，纪晓岚认为读书人汲汲于功名，以此作为进身之阶，一般考不上功名的，俗所谓“困踬场屋”，一挫、再挫，数挫之后必转向他业，而长乐梁氏世守书香，“能传及十余世，困顿三四百年而不悔”，实为海内所稀有，故纪晓岚亲书“书香世业”一匾旌其闾。纪晓岚在当时已是著名的人物，能够求得纪晓岚的墨宝，对梁家来说自然是件荣耀之事。后来纪晓岚还为梁剑华撰写《梁天池封翁八十序》一文，以表对梁家十余世书香的敬崇。

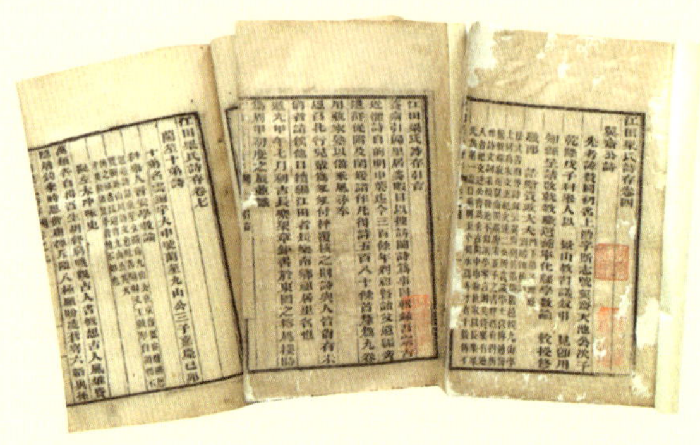

◎《江田梁氏诗存》书影

纪晓岚与梁家三代皆有渊源。纪氏督学闽省前后不足三年，对梁家却有非凡的意义。梁剑华（天池）以五十岁补廪饩，子梁上宝、梁上治、梁上泰、梁上国兄弟先后中秀才，不几年，梁上治、梁上泰、梁上国先后中举，梁上国于乾隆四十年（1775）得中进士，梁家从此掇巍科、登显宦。梁氏孙辈之中梁际昌、梁运昌、梁章钜，于乾隆五十九年（1794）同科中举，孟超然《贺梁氏三兄弟甲寅秋捷》诗云：“德门十五叶，书香方济美。迨兹甫发扬，佳话动乡里。”盛赞梁氏家风之美，子孙多成才。嘉庆四年（1799）梁运昌中进士，梁章钜则于嘉庆七年中进士，座主竟是纪晓岚，梁氏一门三代皆为纪晓岚的门生，成为一时之美谈。梁剑华曾孙辈中成进士者有梁逢辰（章钜子）、梁康辰（上国孙），玄孙中梁亿年成进士。至于得中举人的则更多，直至清末科举废除之前，梁剑华的来孙梁鸿葆、梁鸿志兄弟分别中光绪丁酉、癸卯两科举人，至此，梁氏秉承读书家风已是十九世，济美之盛，确实无愧“书香世业”一匾。

长乐梁氏以格言教子

敏则有功公则说　淡而不厌简而文

长乐梁氏书香世守，以家风自励，至梁章钜已是第十六世。梁章钜十岁丧母，父梁赞图，乾隆戊子（1768）举人，在外授馆之余，便亲自督导儿子读书，对梁章钜言传身教。据《退庵自订年谱》所记，梁赞图为维持家计，分别在福州经院巷彭宅、开元头林宅、杨桥巷侧等处授学，童年的梁章钜时常随伴其侧。梁章钜著作中记载了许多父亲对他教育的片断，如“章钜少承庭训，先资政公每作书，必为章钜讲明其义”。梁赞图自署书斋曰“四勿斋”，意谓“无益之念勿起，无益之事勿为，无益之言勿说，无益之物勿食”。

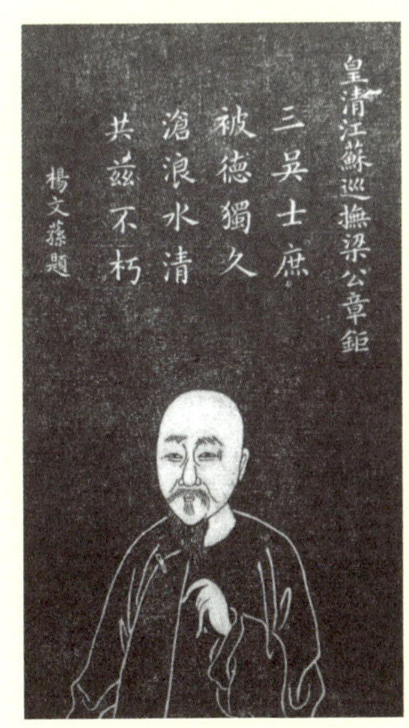

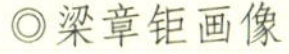
◎梁章钜画像

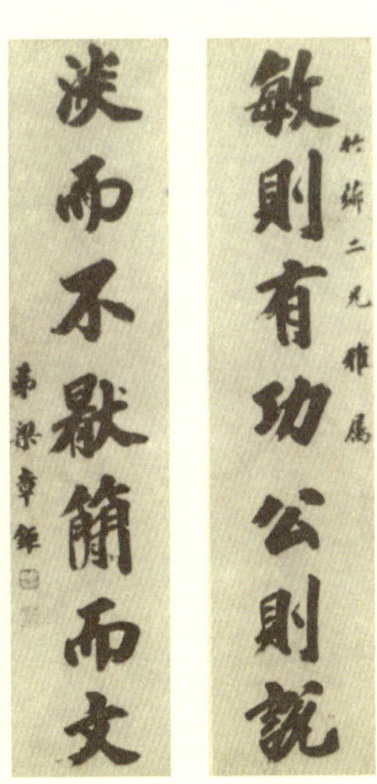

◎梁章钜楹联

梁赞图精通宋儒之学，平生喜诵格言警句，为人作楹帖，必采儒先格言书写，他对梁章钜说：“人来乞书而不以格言应之，即所谓无益之事也。”每以格言警句教示儿子。一日为人书写楹联，梁章钜的伯父梁上宝先写一联云：“欲知世味须尝胆，不识人情只看花。”梁赞图也写一联云：“非关因果方为善，不计科名始读书。”把梁章钜叫至身边对他说：“汝知此两联意义之深厚乎？汝伯父所书乃涉世良方，我所书乃自修要旨也。终身用之不尽矣。”

梁赞图最喜诵当时通行的一副楹联云：“谦卦六爻皆吉，恕字终身可行。”指此对梁章钜说：“此是经训，非仅楹联而已。”又集四书语以示云：“敏则有功公则说，淡而不厌简而文。”对梁章钜说：“此二语，学古服官，淑身涉世皆宜，亦可当座右铭也。”此联梁章钜后来曾书赠友人，笔意浑雄朴厚。可见梁赞图对少年梁章钜的教育是随时随地、融入日常生活的方方面面，严而细心，用心良苦。这些对梁章钜从小修身立志无疑影响至巨。

郑咏谢教子惜福

淡泊承家还惜福　诒训惜福扪心热

光禄坊历来诗书之风极盛，乾隆间光禄坊诗人辈出，以黄任、许均、谢道承为首，世人称之为“光禄坊派”。其时居光禄坊黄家、林家、郑家等闺秀也结社大事酬唱，遣婢女携诗筒奔波于道，成为光禄坊的一道亮丽风景。

郑咏谢（1733—1784），是郑方坤第六女，有姐妹九人，皆工诗词，一门儒雅。郑咏谢嫁于光禄坊林天木，著有《簪花轩诗钞》一卷。生有一子，名轩开（1771—1825），字蓼怀，是嘉庆七年（1802）进士，官温州泰顺知县。曾购得母亲的中表黄任故居香草斋，早年与林则徐一同入张师诚幕府，林轩开逝世后，林则徐亲自手抄整理其诗文《拾穗山房集》，其交情可见。

林轩开出生后不久父亲便病逝，从小是由母亲郑咏谢开蒙的，郑咏谢在为儿子讲授经史的同时，又时常训以“惜福”二字，盖林轩开的父亲林天木在世时，也每以此二字为念，故郑咏谢在悼亡诗中有“淡泊承家还惜福，一生端的可怜生”之句，惜福之人却薄福，端是沉痛之极。关于“惜福”的含义，前人解释为：“人人爱惜，不轻怒骂，物物爱惜，不忍破坏，此名惜福。”又如崇尚节俭朴素，便是惜福；十分乐事，受用七分，便是惜福。曾国藩所谓“平日最好昔人‘花未全开月未圆’七字，以为惜福之道”，同是此意。林轩开从小秉受母训，做人当官也是谨守“损之而益，益之而损”的道理。他在《五十生辰》诗中忆及母教时有“诒训惜福扪心热”之句，可见他对母亲的训诫是感受极深的。林轩开的《五十生辰》又有句云“无可自谋因政拙，得邀人谅是官贫”“立脚严于僧受戒，抗怀常与古为徒”，从中也都能读出郑咏谢所教导的“惜福”处世之道。

梅鹤家风

我忆家风负梅鹤
一鹤冲天　一鹤侍侧

钱塘林逋（君复）是宋代著名的隐士，先世是由福建迁出的，林逋隐居杭州西湖孤山，种梅养鹤，淡泊自守，世人重其品节，称“和靖先生”，林家子孙每以“梅鹤家风”为荣。

林则徐非常推崇他的这位祖宗，对梅花与鹤都有深厚的感情。林则徐在浙江杭嘉湖道任内，曾修西湖孤山林和靖墓，补种梅花三百六十株，修放鹤亭古迹，又从上海购二鹤，豢养于墓前，并作一诗云：“我从尘海感升沉，何日林泉遂此心。墓表大书前处士，家风遥愧古长林。湖山管领谁无负，梅鹤因缘已渐深。便拟携锄种明月，结庐堤上伴灵襟。”另孤山有林则徐作的两副对联，一处在林处士祠，题云：“我忆家风负梅鹤，天教居士领湖山。”可称雅切。另一处在梅亭，题云：“世无遗草真能隐，山有名花转不孤。”林昌彝评为杰作。林逋的手迹罕传，林则徐曾以重金购得林逋手札真迹一帧，视同珍宝，装成手卷，钤有“林少穆珍存印”朱文印章，

◎林宾日《饲鹤图》

并请李兆洛、吴云、陈延恩题跋鉴定。道光九年（1829）林则徐丁忧在籍，修浚福州西湖，也曾植梅花千本，环绕湖干，这些都显露林公对他的远祖林和靖清逸高洁人格的钦慕之情。

林则徐对“梅鹤家风”的认识与理解，是来自父亲林宾日的从小灌输。林宾日为人正直，生性淡泊，不慕荣利，没有什么嗜好，唯独非常喜欢养鹤，这也是追慕远祖林和靖先生的遗韵，他的第一个儿子出生，便取名为“鸣鹤”，可惜早殇。林宾日早年居福州城北左营司时，家中就养有两只鹤，两鹤时顾影交舞，或双飞而交鸣，林则徐从小就在父亲的影响下，对鹤高洁脱俗的秉性有着很深的认识。林则徐四岁就由父亲林宾日口授章句，父亲的教诲、熏陶，对他有很深的影响。

嘉庆十三年（1808）夏，时年六十岁的林宾日在将乐正学书院亲手绘制了一幅《饲鹤图》，图中林宾日端坐于松下，旁有两只鹤，一鹤冲飞天上，一鹤侍立庭前。后来林则徐的友人广东张维屏题诗：“一鹤矫翼穿松枝，一鹤俯啄巡阶墀。先生坐对神为怡，兴来妙笔自绘之。”陕西张井题诗：“一鹤步林皋，一鹤云间下。先生坐对之，意态两闲暇。”都是写实之作。当时福州人将他所养的鹤喻为“一鹤冲天，一鹤侍侧”，冲天指长子林则徐，侍侧指次子林霈霖。林宾日屡困于科举考试，年近五十始为岁贡生，深知取得科名之不易，画此图时林则徐尚未出仕，是年秋才赴京会试，故作此图是有深意的。此外，古人咏鹤常用“警露”一典，《风土记》云：“鸣鹤戒露，此鸟性警，至八月白露降，流于草上，滴滴有声，因即高鸣相警。”可见林宾日养鹤也有告诫儿子谨慎行事的意思。祁寯藻题图有“警露谁知示诫深”，便是此意。至嘉庆十六年，林则徐以第二甲第四名、朝考第五名成进士，老封翁闻之色喜。要之，林宾日的一生与鹤的关系很密切，他淡泊自甘，前人谓其“言行不苟，可为坊表”，还将自己的著作定名为《小鸣集》。林则徐也无疑从父亲那里将“梅鹤家风”很好地继承了下来。

林宾日逝世后，林则徐将父亲所绘《饲鹤

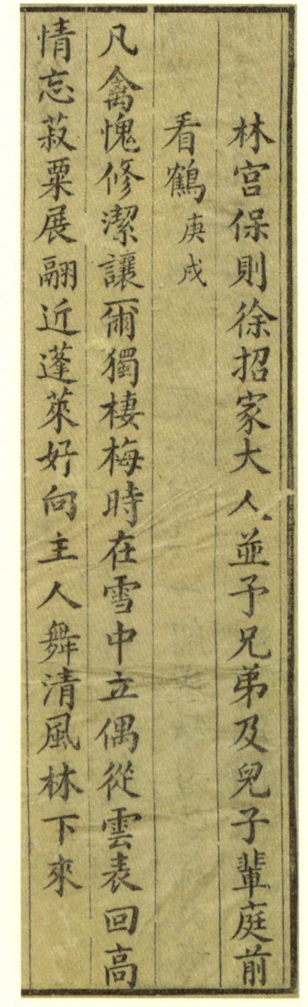
林宫保则徐招家大人並予兄弟及兒子輩庭前
看鶴 庚戌
凡禽愧修潔讓爾獨棲梅時在雪中立偶從雲表回高
情忘菽粟展翮近蓬萊好向主人舞清風林下來

◎郭柏苍诗

图》珍藏行箧，后来自己又补绘第二图、第三图，遍请名流题咏，以为永久纪念，从道光十年（1830）至道光三十年，题咏者前后共达六十五人。潘世恩有诗曰：“谓是饲鹤术，理通于治民”，“乃知养民政，即是泽物仁。鹤鸣子则和，国宝家之珍”。论者以为《饲鹤图》的用意，既有训示子孙经世致用的一面，又有恬淡处世的一面。《饲鹤图》后由林则徐第三子林聪彝传家珍藏，1986年林则徐玄孙林维和将其影印公布于世，2012年福州梁章凯以线装形式精印出版，让世人得以一见林氏家族特有的家风。

道光三十年（1850），六十六岁的林则徐辞官回乡，此次回乡屡有放鹤的记载，郭柏苍《竹间十日话》卷六云：“道光庚戌，公引疴归，适先君家居，文忠约先君及苍兄弟子侄庭前看鹤。”郭柏苍之父郭阶三是林宾日的学生，故有通家之谊。郭柏苍《补蕉山馆诗》卷下有《林宫保则徐招家大人并予兄弟及儿子辈庭前看鹤》一诗，记载了当时的情景：“凡禽愧修洁，让尔独栖梅。时在雪中立，偶从云表回。高情忘菽粟，展翮近蓬莱。好向主人舞，清风林下来。”此次放鹤当在三四月间。林则徐的记室侯官林直也有《宫保宅放鹤》一诗：“元鹤几时至，言从洱海遥。凭谁驯野性，使尔出尘嚣。高胫迎风立，长吭逐雨销。终当厉双翮，万里奋云霄。”此次则是在五六月间的事。两次都在文藻山家中。这一年夏天，林则徐又携所养之鹤到亲家叶敬昌家光禄吟台，吟台清旷幽静，远离尘嚣，荔荫榕影下，四鹤白羽黑翎，体态各异，仙姿翩翩立于几前，齐声高鸣，后人题诗曰：“吟台四鹤舞蹁跹，引吭齐鸣立几前。似欲长叨廉吏俸，不思比翼上青天。”诗中写到是四只鹤，两只是林宾日去世后留下的，还有两只是林则徐在云贵总督任上养的，乞休归里后，他将这两只鹤也带回了福州，为纪念林公这次放鹤，后人在石头上镌“鹤磴”二字，记此盛况。

鹤是忠贞清正、品德高尚的象征，林则徐对鹤的情有独钟，也便是他伟大人格的直接反映。林公面对官宦生涯的起起浮浮，淡定自若，他对名利的淡泊，无疑深深受了“梅鹤家风”的影响。

林宾日教子经世报国

不得为忠 安得为孝

林宾日是一位慈父兼良师，他言传身教，善于诲人，其“养其廉耻”“养其天真”“使人自乐于向学”的教学方法，与旧时代呆板严肃的教学截然不同，故培养出了许多优秀的学生，其中走出了一位旷世伟人。

林则徐中进士后，宦途渐显达，他不断请求迎养双亲，以尽孝思，林宾日虽曾一度让陈夫人前往就养，自己却一再坚持不去，一次寄家书与儿子说；“汝叠被圣明恩遇，益宜矢诚竭力，以图报称。余与汝母俱无恙，不必顾虑。余在里中有友朋之乐，不欲舍以他适，汝勿固请迎养，以顺余心也。”纸尾附一诗，有“江湖远涉烦舟楫，菽水长留胜鼎钟”之句，观者以为达识之言。儿子显贵，犹恋恋于固有的平淡生活，品性高洁，自是本色，且教子有方，于家书中告诫儿子报效国家，不要顾念家庭。其人格的高超，纯出乎自然，也足见林宾日平生经世济民的远大抱负，并将此希望寄托于儿子身上。

道光三年（1823），林则徐在江苏按察院使任上遭遇自然灾害，当地发大水，田禾荡然，林宾日在里闻讯，立即把救荒的切实方法告诉儿子，如招米商、劝平粜、禁囤积、清查贫户、殓埋饿殍、收畜耕牛、捐设医局防疫情等，林则徐一一遵办，果然一举成功，因而顺利完成了救灾的任务。后来林则徐又多次经理赈灾事务，极为当时人民所称颂，大抵不出老父亲所示的方法。道光五年，林则徐因母丧在籍守制，江南高家堰十三堡决口，道光急特旨起复林则徐，命往督修堤工，林则徐以母丧未终制为辞，不想应命，林宾日对他说：“若国家有急切劳苦之事，责以致力，非若任官授职有利禄之可图，此而不往，则是畏难诡避，不得为忠，安得为孝？但以素服往，自合于古人墨经从事之义，心迹不已皎然矣乎！”教子移孝作忠，尽臣职，即以尽子职。

上述数事，可见林宾日的教子之道：一是要有恬淡之心，二是必须怀抱经世济民之志。或进或退之间，要有权衡，那就是国家利益始终放在个人利益之上，所训示“不得为忠，安得为孝”论调，真是气度宏大，这种精神成为林则徐毕生的立身处世准则。林则徐一生宦海浮沉，即使在被遣戍新疆，一生最艰难的时期，也能处之泰然，宠辱不惊，这些都与林宾日的谆谆教诲分不开。

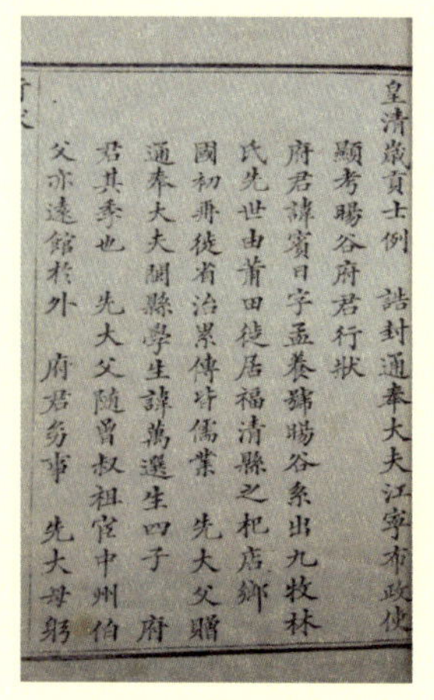
皇清歲貢士例 誥封通奉大夫江寧布政使
顯考暘谷府君行狀
府君諱賓日字孟養號暘谷系出九牧林
氏先世由莆田徙居福清縣之杷店鄉
國初再徙省治累傳皆儒業 先大父贈
通奉大夫閩縣學生諱萬選生四子 府
君其季也 先大父隨曾叔祖宦中州伯
父亦遠館於外 府君務事 先大母躬

◎林则徐《显考旸谷府君行状》

林母教子以远大为务

男儿务为大者远者

林则徐的母亲陈帙（1759—1824），是文儒坊岁贡生陈圣炅（时庵）的第五个女儿。陈圣炅是个读书明理的君子，见林宾日品学兼优，便把女儿许配与他。陈帙十八岁出嫁，生有三男八女，丈夫虽是个读书种子，同时也是“穷措大”，陈氏毫无怨言，同时深感唯有依靠勤劳，自力更生，才能克服这个困难。陈氏是典型的贤妻良母，她本来针线活很好，又会做精致的“象生花”，这是福州传统的一种美术工艺品，用彩绸、色纸和蒲草等制成，是当时妇女中流行的装饰品，销路很广。陈帙做“象生花”的技艺高超，“剪彩为草木之花，大者成树，其小者至于一茎一叶，皆濯濯有生意”，当时便有“正一品花”的美评。这种计件论酬的手工作业，报酬微薄，又常要夜以继日。每到夜晚，林家在一盏微弱的灯光下，陈帙率几个女儿围坐着做这种手工活，林宾日则督促两个儿子读书，经常是丈夫孩子都去睡了，她还在做手工活，做到“漏尽鸡鸣”也不去休息。天寒的时候，即使手冻得裂开了，还是不停地赶工。这种艰苦卓绝的精神，实在令人起敬。少年林则徐不忍母亲为养家如此操劳，想替母亲做点家务事，有时把食物让给母亲，陈帙总是很严肃地对林则徐说：“男儿务为

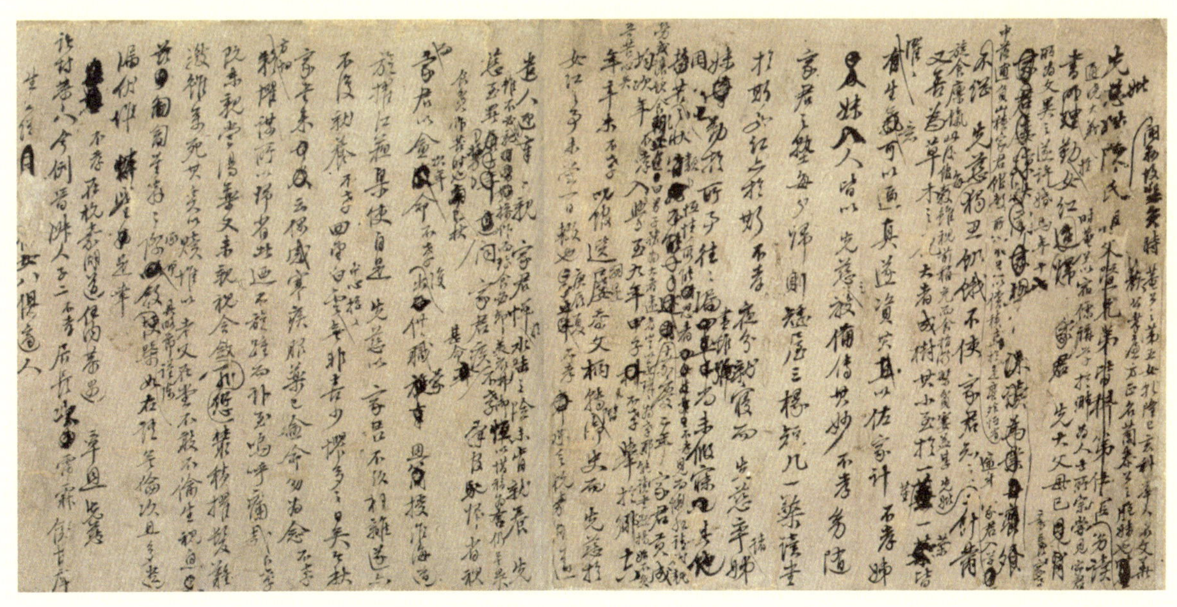

◎林则徐《先妣事略》手稿

大者远者，岂以是琐琐为孝耶？读书显扬，始不负吾苦心矣！”

此外，陈帙为节省开支，曾定下吃饭家规：吃一口饭，只准夹一次菜。平日家中多以炒豆佐饭，为了防止一夹数颗，把豆盛在长竹筒里，筒深看不到豆，因此有时一次夹到一颗，有时甚至连一颗也夹不上。林则徐最遵守这个规定，不管夹到夹不到，从来不重箸。

到了林则徐中进士，入翰林，外放为官，林家的家境才逐渐好转，但陈帙在家里还是躬自劳作，始终没有间断。儿子有出息了，家庭负担减轻了，她便极力周恤亲族，曾说：“一身之福有几，奈何遽欲尽之，但以分赒三党之贫乏者，不尤愈乎！”

伟大的母德，让林则徐终身受用，他先后在《先妣事略》《先考行状》中对这一段寒灯夜作的情景加以追述，并感叹道：“呜呼！此情此景，宛如昨日，而孰知其不可再得耶？”饱含着对母亲深深的爱和依恋。陈氏对儿子志业的激励，林则徐一生都铭记不忘。

林则徐子孙的忆苦之教

人贵自立　民生在勤

林则徐后人相沿以两件象征性的东西：一盏两根灯芯的油灯和一盘素炒豆腐，用以提醒子孙林则徐幼年家境艰苦的经历。林则徐玄孙林崇墉（林炳章五子）写有《林则徐传》，书中专门提及少时每逢除夕吃年夜饭，总会见到桌子上摆着一盏油灯，也总会吃到一盘素炒豆腐。林家长辈总指着那盏油灯，对孩子们说林公幼年时家贫，只点一盏一根灯芯的油灯，只有过年才添置两根灯芯，点缀光明，增加喜庆。到素炒豆腐上桌时，长辈必叙述一个故事：有一年除夕晚上，邻居见隔壁林家非常热闹地在吃年夜饭，便好奇地爬上矮墙探望，见到的却是一家十余口围着一张矮桌子，津津有味地吃着那唯一的一大盘素炒豆腐。正当孩子们惊讶于百年前祖宗的艰苦生活时，长辈指着大厅柱子上所挂林则徐亲手所书训示子孙的格言对联，逐个字念给孩子们听："芝草无根，醴泉无源，人贵自立；流水不腐，户枢不蠹，民生在勤。"

◎林则徐书法楹联

林沈两家“亲社”家风

亲社人物劳寻思 儿曹内集修故事

林则徐有三女，分别嫁与刘、沈、郑三家。林、刘、沈、郑四家后代皆居于宫巷，刘家与林家为比邻，沈家与郑家对宇。百年以来，以林家为主干，四姓互结为连理，枝繁叶茂，多为中表之亲，早已成为历史掌故。

道光三十年（1850），是林则徐最后一次回乡，在乡居住约半年时光，林则徐设立“亲社”，招集戚族中子弟读书作文，亲自命题，除备餐款待外，还设有奖品，以示奖励，沈瑜庆《刘宣甫大令六十寿诗》就有“甲子一周陵谷改，亲社人物劳寻思”的诗句。后来林公的女婿沈葆桢仿其遗制，创设“致远社”，亦集亲属子弟读书，每月三课，每课一诗一文，一切办法以及试卷的形式等均依照当时书院具体而行之。

到了第三代沈瑜庆（沈葆桢四子），他于1901年秋从淮阳任上乞假回乡展墓，也仿亲社及致远社家课故事，以历史人物裴晋公、李卫公、王保保命题，令子弟各作七律三首，品评侄孙沈觐扆第一。1904年科举废除，各书院停办，独留凤池书院改为全闽大学堂，沈家兄弟亦仿先人之制自办家塾，都是本林公亲社的遗意。民国初年，林、刘、沈、郑诸家多客居北平，当时四家曾在中央公园集会，之后刘崇生又在上海招集过一次。两次集会各数百人，并摄影留念。两次发起聚会都是以亲社之宗旨相号召，故不仅只谈聚餐、游园、摄影，而且还有会文。沈瑜庆有诗“儿曹内集修故事”，算是纪实。

◎沈瑜庆像

林则徐的真伪家书

家书皆随意为之 无矜持之笔

民国时期印行的《林则徐家书》，有中央书局、上海共和书局、艺文书房、上海广益书局等各种版本，又被收入《清代四名人家书》《清代名人家书》，流传颇广，十分有名，甚至有学者将之援引，作为研究林则徐的资料。其实这是一本不折不扣的伪书、赝品。

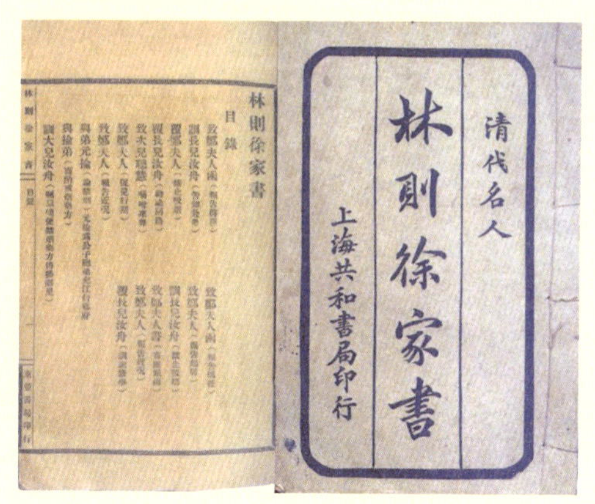
清代名人
林則徐家書
上海共和書局印行

林則徐家書
目錄

◎伪书《林则徐家书》

此书收入林则徐家书四十四通，并羼入关天培、杨遇春、乌少岩等人书札数件。1962年胡思庸先生特作《林文忠公家书考伪》一文，经过一一核对考辨，揭示此书全部都是伪作。如第十五函乃林则徐在湖广总督任上（1837年）写给其弟林霈霖的，时其弟正在两江总督陶澍处任幕府。信中托其弟通过宾主关系向陶澍疏通，希望陶澍也赞成禁烟。此书写得慷慨激昂，如“愚兄不忍见我中华民众尽甘饮鸩以自杀”云云，满篇国家民族，因此很受世人重视，被多次引用。上述姑且不论，在家书末说“兄与陶兄素无深交，未便直接磋商”云云，便可断定为伪作，因为陶澍与林则徐早在1831年就已相识，且二人交情很深，意气相投。陶澍老早就是禁烟派，1833年林陶二人曾联名上奏查禁鸦片，而此家书中却说“但望其覆奏之折，勿与兄意抵触”，好像林则徐深恐陶澍反对禁烟，可见必伪无疑。又如与弟云：“愚兄居塞外三阅寒暑。”殊不知林霈霖1839年就已去世，林公遣戍伊犁则在1842年，证明伪书，自不待言。另外林则徐的弟弟林霈霖字元雨，号雨人，只要检《林宾日日记》及林霈霖乡试履历，就很清楚，而《家书》中则作“元抡”，全是臆造。至于《家书》中所谈禁烟、谈英夷等事项，作伪者基本上抄自《林文忠公政书》，并稍加以改头换面。而用于训斥子弟的门面之语，则多取自前贤家书，窜易增损，故也能动人心目。

其实早在《家书》面世不久，福建省图书馆馆长萨兆寅先生就曾在1937年《大公报》的《史地周刊》上撰文，力驳《家书》为赝品，略举不符事实数点，如《训次儿聪彝》云，“尔兄在京供职，余又远戍塞外，惟尔奉母与弟妹在家，责任綦重”。又《致郑夫人》书，“自塞外回京，即奉命署理陕抚，并谕先赴甘省，会办番匪，致未能归里。本拟迎夫人来京一晤，无如番务吃紧，朝旨催促兼程赴甘，故不及待夫人来京……”实则林则徐遣戍伊犁，二子聪彝、三子拱柩从行，郑夫人及长子汝舟眷属则居西安，前信之伪，不攻自破。萨氏又摘引其伯父萨嘉曦所藏林则徐家书真迹数则来加以证实。萨嘉曦于1908年在福州书肆购得林则徐家书十余纸，首尾概不署名，然经鉴定，一望便知为林公手迹，这批信札后来归福建省博物院，悉为《林则徐全集》所收入。

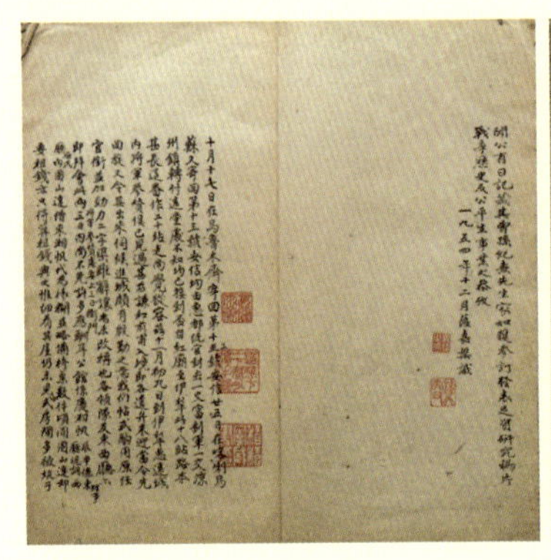
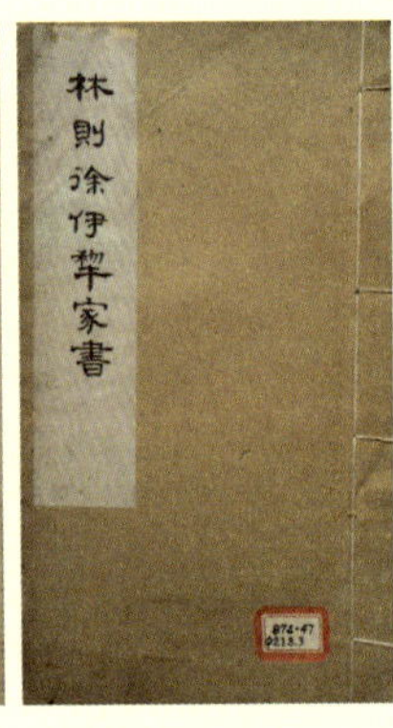

◎萨嘉榘抄本《林则徐伊犁家书》

《林则徐全集》所收现存林则徐家书仅有二十三通，最早一封是道光十五年（1835）左右所写，其他多遣戍伊犁时所写，可见家书的遗失是十分严重的。林则徐家书一大特点就是编有号码，如开字第×号，已字第×号，发出几封，收到几封，在其日记中也都有记载，家书中也是一再提及，不厌其烦。所写家书皆随意为之，故无矜持之笔，初读似多涉琐碎，亲戚朋友往来，事无巨细，交待一清二楚。细细读来，便可以对这位伟人的爱国思想、治事精神、待人接物、关心朋友以及日常生活等方面，都有进一步深刻的了解。

家书中不乏时政之谈。如他要求家中“凡寓中所阅京报，仍依照前信所言，酌摘几条大略，遇便封入信中寄来”，可见林则徐身在边疆，以戴罪之身，仍对朝廷的动向，时系心怀。又如他在家书中谈道：“昨见京报，扬威、靖逆及参赞均拟大辟，是牛镜堂、余紫松亦必一律，即使不勾，亦甚危矣。由此观之，雪窖冰天，亦不幸之幸耳。近事翻来覆去，真是不可摸捉，要于大局，徒然有损无益也。”可见林则徐对清政府的种种举措反复不定、畏葸无能，表示愤慨。又如“此次历尽八城，亲见其居处饮食之苦，男女老幼之愚，实在可怜”一语，于百姓的疾苦念念不忘，在家信中一览无遗，情真语挚，绝非日常酬酢客套之语所能及的。

此外，林则徐的家书也间有谈及家事与训示的话语，如言：“以有太太所写笺纸楷字信三张，工工整整，此乃近十年间所未有，以为此后断难望其握管，而今居然复能作楷，岂非喜出望外！”字里行间充满了对郑夫人的眷顾之情。“笔墨之事，虽曰代人，却是己业，只须多集裁料，自不难做，何必惮烦？‘祟’字从出从示，来信多写‘宀’，已见两三次，自非笔误，亟须改之！”此教子弟作文，又指出儿子信中的错字、讹字，具以见慈父的细致与关怀。又如“冰如之伯何时去世，我竟不知，家信中此等事从不一提，可谓疏略之甚矣。应另备一纸，随时逐条写出，临发信时附来，既不费事，又不遗忘”，此责备儿子对于亲戚去世，在家信中从不告知。又如“何不再买《琵琶记》与家中诸人同看？《琵琶记》中极悱恻□□，能令人泣下。此是教孝文字，可宝，可宝”，此教家人读《琵琶记》。又如“前由伊犁带回行李，来信云俱无阙少，究竟茶壶、茶碗有打破几个否？其书及字帖，柩官当知汇齐，不可致有遗失。其他物件有

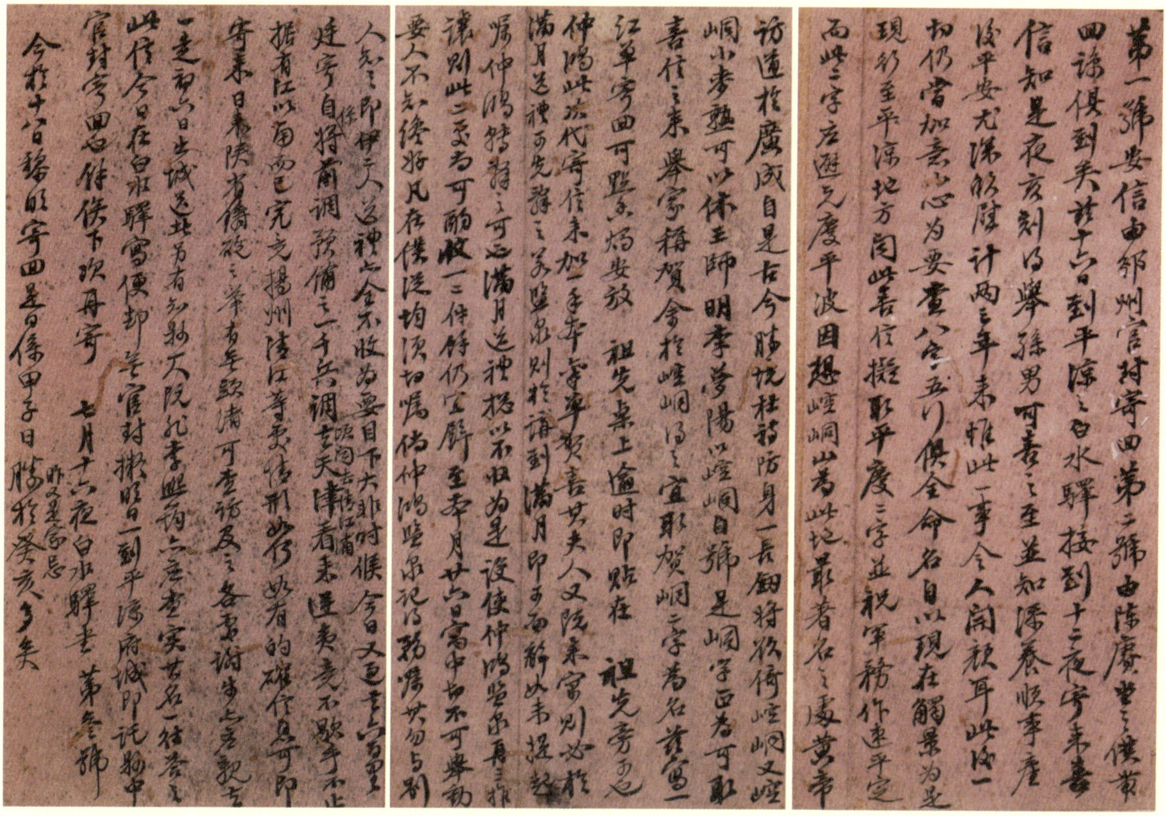

◎林则徐家书手迹

临时乱塞者，亦须按件抖开收好才是”，此教子弟爱惜物力，可见林则徐事事不苟，处理琐碎，有条不紊。教子多于细微处见之。

因此，只要将林则徐的家书与民国间所出版的《家书》稍作对比，真假立辨。所言训诫之语，现存林公家书多从细处教子，有时只是三言两语，备见关怀。而《林则徐家书》中训语，篇篇是门面语，句句是体面文章，十分悦人心目。殊不知家书只是一家之私言，不是写给别人看的，时常涉及见闻、亲友往来之事，故特点是琐碎，贵在真实。因年代久远，林公的家书中提及的很多事，今天我们是读不懂的。而诸如世人特别注意的训示之语，只是夹杂其中而已。反观民国间所印行的《家书》，却有处处写给人看、生搬硬套的感觉，只要细细品读，粗糙之处不时能见。因《家书》民国时已风行一时，魏应麟的《林文忠公年谱》、范文澜的《中国近代史》都曾加以引用，近年有出版社不经审定再版此伪书，其他选录之书，更是不可数计。如今更有学者据伪《家书》作长篇论文，每以时下的观点来强求古人，以示研究成果，以应时需，足见影响之恶劣，大有指出和纠正的必要。另外也应指出，《林则徐全集》并未将此伪《家书》收入，编辑者遴选态度的严谨，是值得敬佩的。

杨庆琛嘱当政者勿受子弟的请托

千金不能买吾一言　任后人自为之
如有私谒来干　愿君勿听也

清道咸时期，侯官杨庆琛以介节清修闻名于世，他少时与林则徐、梁章钜、廖鸿荃一同受业于名儒郑光策，四人俱成进士，可以说是当时闽中精英人士。杨庆琛与林则徐交挚，皆入张师诚幕府，以道义相砥砺。在刑部当官最久，善于断狱，有政声。官山东布政使，署巡抚，官至光禄寺卿，也算至显。

道光二十三年（1843），杨庆琛退老回乡，购宫巷宅地为养老之所。子孙众多，自退休后，居家严慎，绝不与当道往还，且家计益窘，而介节益坚。杨庆琛有位从事盐业的亲戚，欲求他向旧同僚、时任闽浙总督的刘韵珂说点好话，愿献千金，为杨祝寿，杨庆琛听了勃然大怒道："吾一言岂值千金？然千金不能买吾一言！"亲戚尴尬而退。这是《福建通志》中记载的一段关于他不受人贿赂的轶事。

瑞安孙锵鸣是沈葆桢的老师，咸丰间游闽，在与当地官员接谈中，听众人品评福州当地乡绅，以为品望最端者当属杨庆琛与沈葆桢，又听闻杨庆琛年老家贫，为治病竟至典当衣物。时任福建巡抚的徐宗幹，是他的门生，早年深受杨的知遇，来福建做官，数次往宫巷谒见，杨庆琛总以病辞不见。一次徐宗幹不拜名帖，径入杨府，来到杨庆琛的卧榻，谈及府上家口繁多，恩师年逾古稀，请略为子孙生计做打算，杨庆琛听了向徐宗幹道："任后人自为之，如有私谒来干，愿君勿听也。"杨庆琛的老妾在旁问及他的身后事，杨庆琛则说："我有屋数楹在，何虑他年棺敛无措？"

杨庆琛不为子孙的生计打算，他对徐宗幹及老妾所讲的话，其实未尝不是激励子孙。故孙锵鸣闻杨庆琛屏绝干谒事，有感他居乡不交接官府，是铁中之铮铮者，甚是敬慕，称："如杨中丞者，显宦归田，清贫甚于寒士，朝廷亦当有古时赐金赐田之异数，为廉吏树之风声，当于风化有裨也。"

杨庆琛儿子众多，观《绛雪山房诗钞》中为儿颐、澄、鉌所写之诗，每以惜阴读书为勖，其后人也多能世守书香，孙懋甫曾中举人并任县令，玄孙杨绰庵，民国时期任财政部次长。

林昌彝与《一灯课读图》

青灯一盏课子读书

常言道："养是父母教是先生"，然母教在家学形成的过程中，作用往往比老师更重要，如画荻和丸、岳母刺背等，是谈母教；古代文人常画有课读图、灯影图之类，也都与母教有关。旧时父亲为谋生、为功名，常常外出教馆、游幕、应考、做官，子女多不能随行，只好留在家中，而抚育教导之责基本上由母亲担当，母亲往往不识字或识字不多，但许多精粹的文化价值却是在母教中体现出来的，常常是母亲的言行和精神熏染并引导子女走上正道。

林昌彝是近代著名爱国诗人，又是一代经学大师，饱读诗书，曾得林则徐的激赏，所著《射鹰楼诗话》以"射鹰"谐"射英"，是一部记录鸦片战争的颇具参考价值的著作。他一生在学术上能有如此高的成就，实得自两人，一是母亲吴氏，一是其师陈寿祺。他在《海天琴思续录》中说："人要人铸，颜子为孔子所铸，扬子《法言》所谓'孔铸颜'是也。余之知做人者，先母吴太安人之所铸也。余之知读书者，陈恭甫师之所铸也。"林昌彝一生的成就，始基于他母亲教诲。

林昌彝的父亲林高汉本系儒生，因家贫弃儒业往外洋经商，他从小由母亲吴氏授读。母亲姓吴名桂，出身于穷秀才家，略知诗书，她是林高汉的侧室，故林昌彝是庶出。林昌彝聪颖好学，多思善问，四岁时，吴氏以青灯一盏课子读书，教以《三字经》，林昌彝便问母亲："《三字经》是何人所作？"母亲答："是贤人作的。"又问："何谓贤人？"母答："好人。"林昌彝又问："性本善，即是好人乎？"母答："教之则成好人。"又问："性相近，何以习相远？"母答："不受教，则习相远。"又问："性乃迁，即习相远乎？"母答："是也。"叔父林高枝见了说："如此读书解问，他日必成名儒。"一日，林昌彝又问母亲："孟子生即性善乎？"母答："孟子性本善，得孟母教之，不迁于不善。"又问："孩儿秉母之教，可以为孟子乎？"母答："可。"林昌彝听了很高兴，又

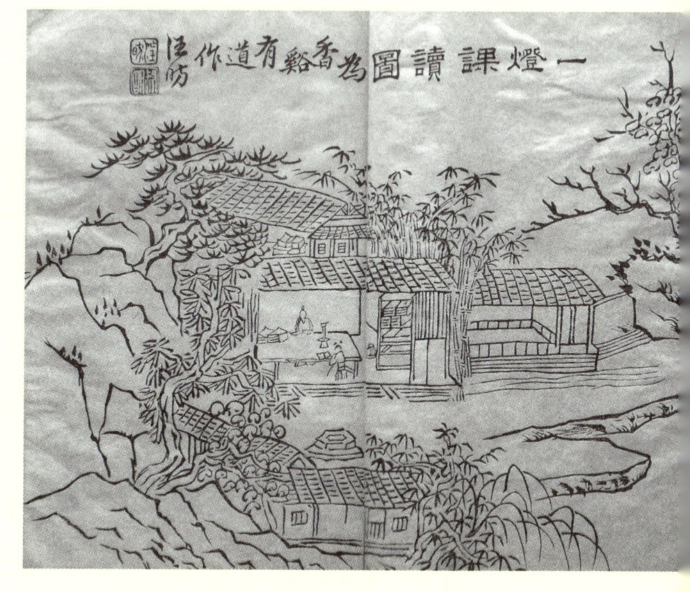

◎一灯课读图

问："孩儿的母亲，是孟子之母矣。"吴氏听了也很高兴。儿子善问、母亲善教善导有如此，故其叔父林高枝感到此儿不凡，每以远大相期。吴氏教林昌彝每日读五百字，必百遍，必字字解其意。十一岁时，林昌彝抄六经，有不解之处，吴氏亲检字典与儿子看。

林昌彝性不好动，读书不辍，吴氏教以规行矩步，不苟言笑，行必正行，坐必正坐，故林昌彝一生与客接谈从不交股，便是小时母亲所教。六岁时，邻居家演戏，欲往观看，吴氏阻止，并说："此能摇荡人心，不要往。"林昌彝听了凛然领命。一次林昌彝往孔庙拜祭，回来后，吴氏对儿子说："你所见孔庙殿上高坐之圣人，还有四配十哲等贤人，皆是性善之人。"于是林昌彝得知圣贤之学在性善，有志于圣贤之学亦从此始。

林昌彝年二十岁遭家不造，时父亲从大西洋经商归，病危在床，族人伙同家人贪其父之财，欲逼林昌彝往大西洋经商，吴氏力争不已，族人逼愈急，竟有人以烛灯飞掷林昌彝，吴氏争之不得，绝望投井，幸为人所救。恰逢叔父林高枝外出回来，闻家变，持刀立于门口，对众人说："谁敢多言，试试我手中之刀，我再抵命。"事遂止。未久林高汉病逝，林昌彝得以继续读书。从此吴氏督导甚严，教子以德义为重，世人艳说富贵，每不以为然；又教子为善，谓："人之至大者莫如善，天下古今只一善，人不为善，何以为人？"道光三年（1823），吴氏病危，临终对儿子说："尔勉为圣贤之学，勿以科名为重，吾瞑目矣。"临终又戒儿恸哭，不瞑目，最后林昌彝跪祝："母恩难割，非敢恸也。"目始瞑。

吴氏去世后，林昌彝特别请常州画家汪昉绘《一灯课读图》，又分别请阮元、何绍基、林则徐、张际亮、魏源、郭嵩焘、陈澧等数十位名人题词，辑成《一灯课读图题册》，于同治九年（1870）刊行，以此来纪念母亲在艰难处境中依然分灯课读的往事，感念的同时，也鞭策自己，激励后人。

林昌彝《自题一灯课读图后》云："寸草难酬罔极亲，井灯回首泪犹新。种瓜负米今无分，天下伤心第一人。""井灯"即指家变时掷灯与母亲投井事。又《听鸡曲再自题一灯课读图作》云："鸡鸣喔喔复喈喈，此声不似人间来，使我残梦碎断如落梅。五夜鸡声入吾耳，犹记阿母书窗催早起。一声唱破天鸿濛，顿令白发成儿童。后天春影先天同，落花声在鸡声中。春光如海，春声如雷，春气煦物皆婴孩。安得年年丱角听此喔喔喈喈哉，此声不似人间来。"回忆年少时母亲清晨催促读书，当时光景，已不可得，笔下仁孝之思，时时流溢，情见乎词。曲阜孔宪彝题图册称赞吴氏云："太安人一女子耳，独能明乎读书穷理之道，期其子之必有成而不惜以死争，可谓诚矣。有母如此，虽欲子之不贤，得乎？今太安人往矣，征君虽不以位显，而学成行修，为一代通儒，其所以成就者则一也。是可传也。"故是图既可以为人子者劝，也可以为人母者劝。

何门两孝子

孝哉其行　卓尔可风

郎官巷以宋代刘涛居此而称，更以陈烈居此而闻名，此外巷子也因孝子而闻名。过去巷内有一孝子牌坊，是为乾隆间何履旭所立。何履旭的来孙何道源也曾旌表孝子。孝子牌坊于1939年被拆除，里人将近两米长的横额镶于巷墙中（即郎官巷弯折之处），横额镌“孝友”二字，落款纪年有乾隆字样。20世纪90年代东街口百货大楼扩建，郎官巷东段拆除一部分，“孝友”二字不知所踪。

据志书记载：何履旭字君章，原籍福清，居郎官巷。父亲早逝，奉母叶氏至孝，与两位弟弟龙光、龙见友爱尤笃，不分家同爨，至老无间。读书能文，年八十五岁卒。著有《心鸣集》。乾隆五年（1740），官府为旌表孝子何履旭，建坊于郎官巷内，并奉祀于侯官孝悌祠。其事迹也载入清代李元度的《国朝先正事略》。

何履旭子孙世居郎官巷，其玄孙名“志高”。何志高嘉庆间出海经商许多年未回，他的儿子何道源问其母，其母风闻志高出海失事，不知所踪，跟儿子说长大后一定要去寻找父亲。何道源听了极为悲痛，下定决心万里寻父，后因母亲久病卧床而阻，幸好有弟弟何道泉能以采樵养家，遂向家人辞别往广东寻亲，时年十五岁。到广东后，何道源遍访出海的商船，并无父亲的消息，身无分文，便靠行乞为生。历尽千辛万苦，流离颠沛，终于在越南境内的旅店寻得身患重病的父亲，百计求医，希望能同父亲一道返乡团聚。五个月后父亲病逝，何道源捶胸呼天，无钱焚化父亲，只好浅土掩埋，卖身为奴，见者咸指曰：“是中华孝子。”不久何道源在越南百姓的资助下得以将父亲骨骸运回故乡。他见到母亲后出示父亲的玉佩，何母见了说：“儿子是真见到了你父亲了，佩在人何在？”何道源据实以告，

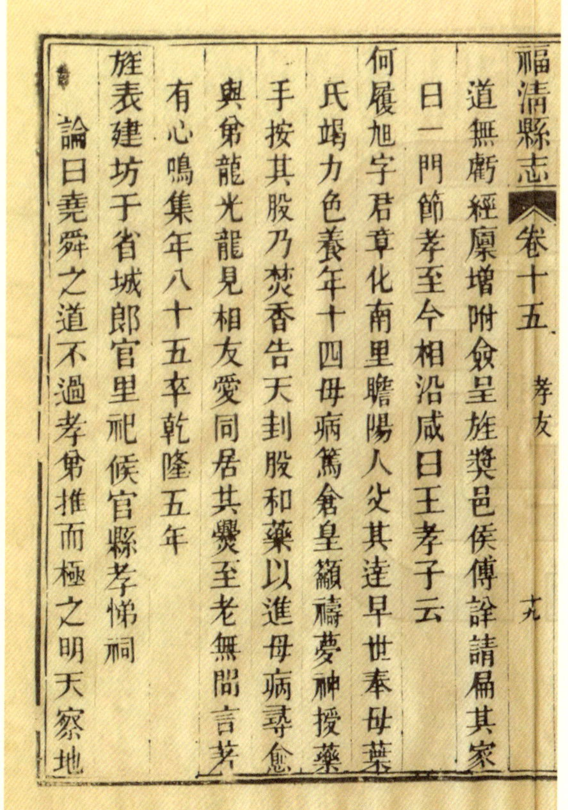
福清縣志《卷十五　孝友　九

道無虧經廩增附僉呈旌奬邑侯傅詳請扁其家日一門節孝至今相沿咸曰王孝子云

何履旭字君章化南里瞻陽人父其逵早世奉母葉氏竭力色養年十四母病篤倉皇籲禱夢神授藥手按其股乃焚香告天刲股和藥以進母病尋愈與弟龍光龍見相友愛同居共爨至老無間言著有心鳴集年八十五卒乾隆五年

旌表建坊于省城郎官里祀候官縣孝悌祠

論曰堯舜之道不過孝弟推而極之明天察地

◎乾隆《福清县志》载何履旭小传

母子相抱而泣。从此何道源一意奉母，纤悉躬亲，何母享年七十二而终。母亲去世后，何道源与弟弟每月初一、十五必至宗祠，读祖训，以劝族人，多行善事。道光二年（1822）何道源逝世，年六十五。当局上请旌表孝子，入祀于闽县的孝悌祠，同里举人周嘉璧撰有一联："孝哉其行，卓尔可风。"于是何门有二孝子。

长期以来，史志常将何道源的事迹与何履旭相混淆，如《福建通志》《闽侯县志》等，沿误已久，然考以乾隆版《福清县志》及高澍然的《何孝子传》，便可明晰。特别何道源一路风波险阻，出万死一生以返其亲，名反为先人所掩，是要予以澄清、表彰的。

百善孝为先，孝乃德之本，虽是人所共知，却并非人人所能做到。天下不孝之人甚多，"子欲养而亲不待"之人则更多，所以能在自己力所不逮时竭力养亲，可谓真孝。郎官巷何氏孝子坊已成为坊巷间一个掌故，何氏二孝子事亲、寻亲的事迹，在今天来说仍有其积极的意义。

郭柏荫教子逸闻

严惮之心 兰花荣枯

郭柏荫善教子，曾谓：“教子者，常有严惮之心，则过失自寡。”闽人多种兰花，每以兰花的荣枯来卜家运的盛衰，郭柏荫独辩驳此种说法的谬误，他认为一家的兴盛，在于勤俭，事事务细不苟，连花草都不忘灌溉，所种的兰花自然茂盛。至于败落之家，事事懒惰，忽忽悠悠，荒嬉过日，哪有时间来照顾花草。所以兰花的荣枯，关乎的是人事，而不是家运。人生在勤，事事皆要体验，以此类推，便是修齐之义。

何刚德在《客座偶谈》中记其少年时曾听故老言，乡贤郭柏荫半夜即起抄书，点一根蜡烛，每至蜡尽天亮，日以为常。郭柏荫书学柳体，笔笔端楷，至耄年尚能做小楷书细字。永安黄曾樾的先人与郭柏荫交契，至今黄氏后人尚珍藏有郭柏荫的墨迹。黄曾樾在《慈竹居丛谈》中记载，郭柏荫曾手书十三经授子弟。二书所载都是有关郭柏荫的逸闻，大概何氏所记郭柏荫半夜起来所抄之书，即黄氏所言的“十三经”，十三经正文六十余万字，如果加上注疏的话，更是以百万计，据《福州郭氏支谱》记载，郭柏荫五岁即能背《尚书》如流，八岁便把十三经读遍。前辈半夜起手自抄书教子，真是精力绝人。如此教子，也是足令子弟振奋精神，不敢懈怠。故郭氏五子，以远堂公支下名位最显，子嗣也最旺。

郭柏荫官至湖北巡抚，一度兼任湖广总督，居官以廉自励，兼以廉化人。俸禄所得，不是赡养族人，便是周济戚友，自奉极俭，有同僚曾暗示他有高升得肥缺的途径，郭柏荫婉言谢绝，并以此事告诫儿子们：“位高而多金，徒增子孙不肖耳。”郭柏荫为官清白贻后，略见于此。他临终自挽有“临深渊，履薄冰，吾知免矣，溘先朝露，九原无憾口碑存”之句，也最可表明其心志。

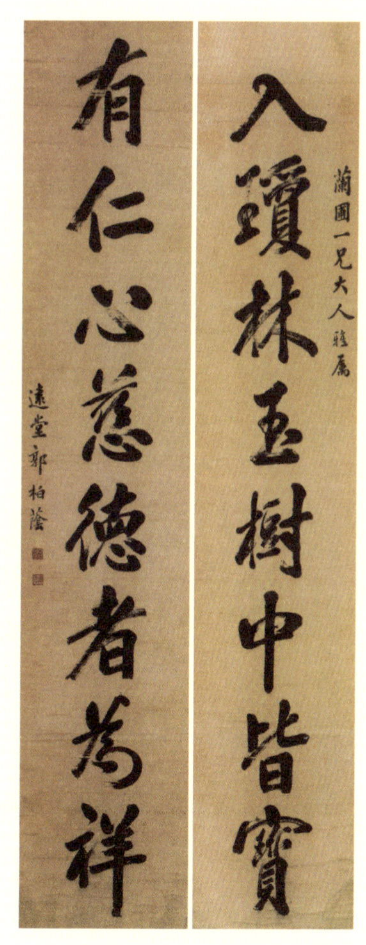

◎郭柏荫书法楹联

郭柏荫于道光八年（1830）中试第五名举人，名列经魁，是榜解元为闽县郭礼图，二人认作同宗。郭礼图年少得志，不免骄奢，卜居黄巷唐黄璞故宅，庭院深邃，一日郭柏荫前往拜访，因郭礼图家的门房骄矜无礼，不得入见，只好返回。回来后，他对儿子说起此事，并训示：“此即孟子所谓‘居移气，养移体’者，今后你们果得志，千万不要效仿。”郭柏荫晚年致仕返乡，欲买宅养老，正好购得黄巷郭礼图旧宅，因有感于这位老年兄的侈恣，更是告诫子弟要俭约，所以郭家一门居家少长皆布衣无华饰。郭柏荫的朋友刘鲁汀有诗云：“黄璞里方朱雀桁，后昆蓝布胜乌衣。”即道其实。

郭柏荫晚年将一生阅历所得，以语录体形式，纂成《嘐嘐言》六卷，其中多可言可行、鞭辟入里之语，可备修齐内省之助，光绪九年（1883）复作《续嘐嘐言》四卷，由孙郭曾炘缮录，合计十卷。是书随手札记，皆理学家言，所言浅近之中见切实，平易之中见高明，不乏训诫子孙语，可与《菜根谭》《呻吟语》相媲美。

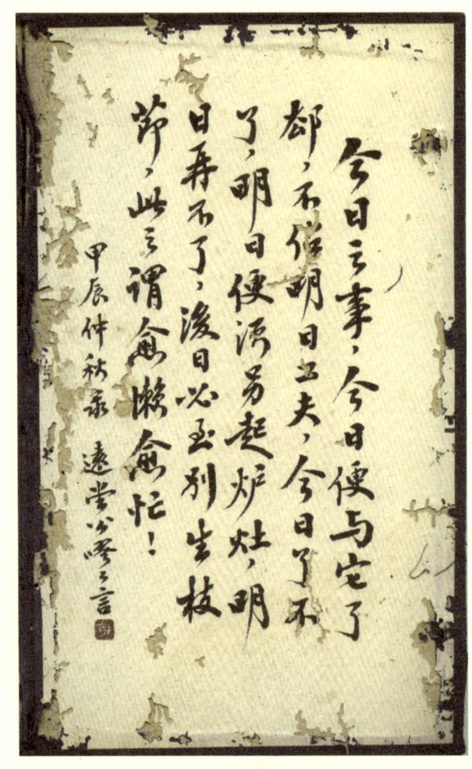

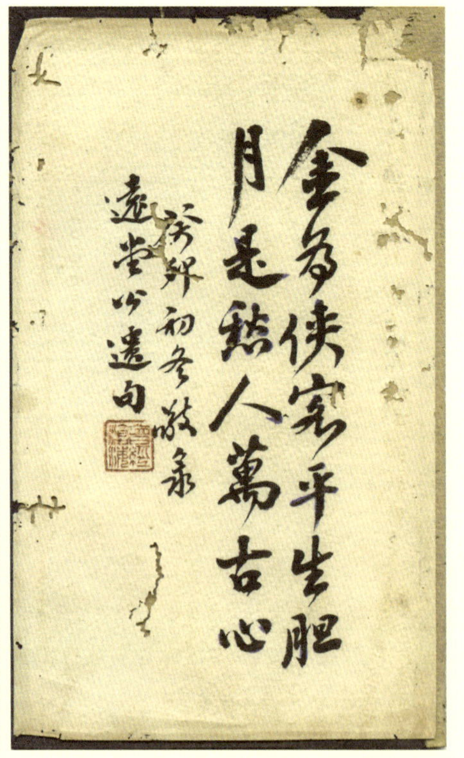

◎郭氏后人书郭柏荫遗句

王有龄赡济族人

有志于经世之学
愿尔等世守清贫
无坠清白家声

王有龄体貌魁伟，才量过人，尤嗜书法，平生仰慕黄道周，尝诵黄道周遗疏不去手，又曾以万金购得黄道周绝命词真迹，时时低回品读，若有不尽之意。虽时隔二百余年，气类相感，潜移默化，却有不自知者。咸丰十年（1860），王有龄守杭州城，与太平天国军奋战数月，最后城陷，王有龄自缢于桂花树下，太平军李秀成入城，叹为忠义，加以礼葬，探其怀中，犹存黄道周绝命词，一并归还于王氏家人。清政府也给王有龄追加了“壮愍”的谥号，并建祠祀之。

王有龄出身书香门第，其父王燮是嘉庆间举人，官至甘肃平凉府知府。王有龄年少好读书，却不屑为科举之学，而有志于经世之学，以监生入赀为浙江盐大使，从此在浙江官场得以一展自己的抱负。

王有龄长期在浙江做官，但他对自己的族人总是竭力资助，同曾祖以下四房族人，王有龄每月寄给薪米之资不误，年节另行不缺，二十余年从不间断。道光二十九年（1849）年王燮病逝，王有龄丁忧回籍，处理完家事后，为长房从堂侄完娶，又接济自己的族人戚友，凡同姓本枝以及远近亲戚无力婚娶丧葬者，无不极力筹济。本次回乡期间，他又将自己十余年的积蓄全部分给本家中没有产业以及读书未成立的亲戚，并对他们说：“愿尔等世守清贫，无坠清白家声。”

范仲淹《告子弟书》有云：“自祖宗来，积德百余年，而始发于吾，得至大官，若独享富贵而不恤宗族，异日何以见祖宗于地下，今何颜以入家庙乎？”李光地也曾说：“以父母之心为心，天下无不友之兄弟；以祖宗之心为心，天下无不和之族人。”从王有龄对自己亲族、宗族的从厚照顾，可知他对这两句话是有深刻体会的。

沈葆桢勉励子弟读书

诗礼传家　望儿孙辈读书有成
人苦无书读　书亦苦无人读

福州宫巷沈宅首进大厅中曾悬挂有一幅黑漆底金字对联："文章华国，诗礼传家"，此对联如今虽已不存，然沈氏子孙后代早已铭记心中。此外，沈葆桢在去世前两年留示子孙的遗嘱上有一则云："究竟笔墨是稳善生涯，勿嫌其淡。"

◎沈葆桢画像

诗书传家，是沈家祖训，这在沈葆桢家书中多有体现。

沈葆桢家书内容丰富，不独了解沈氏家史，家书中涉及的众多时贤，真实鲜活，如加以采辑释解，自可备一代掌故。纵观沈氏家书，劝勉子弟读书，在在皆是。如"我无他想，惟望儿孙辈读书有成耳""我欲汝读书者，非急汝功名，愿汝有数句圣贤言语往来胸中，不致堕入流俗恶习耳""南生较不畏书，翊等须督其苦读，勿急功效，书香不可断也"。心所耿耿者独此。

沈葆桢任两江总督时，金陵书局凡有刻书，必先呈审览，沈葆桢则汇寄家中，曾附家书曰："人苦无书读，书亦苦无人读。若汝等不能通读，不如分赠各族。"勉励子弟，其敦厚处，诚令人可钦。

沈葆桢任船政大臣时期，公暇常集朋僚作诗钟，其中"雪平"第一唱云："雪天裘被偕朋辈，平地楼台待子孙。"又有"起门"第五唱云："孙子不叨门第荫，华夷曾问起居安。"二句恢阔，吐属不凡，"平地楼台待子孙"一句，本意不过要求子弟凡事有创见而不依人门户，同时也要胸怀广大，善于与人同甘苦，并吸收他人所长。慈惠坦白之怀，溢于言表，沈氏子孙后代每奉以为训。

林孝恂在家设东、西教席

思想开明 东斋讲授旧学西斋讲授西学

林长民之父林孝恂（伯颖），光绪十五年（1889）进士，在浙江为官多年，曾在金华、孝丰、海宁、石门、仁和等州县为官，后以杭州知府候补荐升道员，孙女林徽因就是出生于杭州寓所的。

林孝恂生性沉毅，处家庭孝友慈爱，五岁丧母，逢母祭日，曾泫然对家人道："吾生而不得养，祭厚宁如养之薄耶？"

林孝恂居官廉勤，守正不阿，他的受业师是时任杭州知府的林启，林启在杭州开办中西兼修的学堂，开新学风气，林孝恂也深受影响，思想开明，很早就已接触西方文化。他对子女教育非常重视，与夫人游氏育有子女七人，光绪十九年（1893）林孝恂就在杭州万安桥旁建林氏家塾，分东、西两斋，东斋讲授旧学，西斋讲授西学，并分别请了两位同乡教师来教授子女。一位是林纾，主东斋，林纾是古文名家，国学根底深厚，由他讲授传统文化。另一位是林白水，主西斋，讲授经世之学、中外时事及有关西方的文化知识。另外还聘请加拿大人华惠德、日本人嵯峨峙在家教授英文与日文。

林孝恂的这一做法极其开明，在当时可谓教育的革新之举，显然他是希望林家子弟能将东西文化融会贯通，以服务当世。家塾所中除了林孝恂自己的子女外，还有从家乡接来的侄儿，如黄花岗烈士中的林觉民、林尹民，组织起义光复福建的林肇民等，这些人后又多受林孝恂的资助得以赴日留学，故林家后辈子侄之所以多能成为福建近代史上杰出的人物，与林孝恂的倾力培植是分不开的，他的同乡、乌镇同知高向瀛谓其资遣子弟亲戚留学海外是"几罄其宦囊"。

◎林纾（右）与林白水（左）在杭州合影

刘冠雄教子及悬桶于刘氏宗祠

能于实业上占一优胜 自不患无啖饭地

刘冠雄是中国近代海军史上声名显赫的人物，民国成立后，他继黄钟瑛之后出任海军总长，是民国时期第一位海军上将，此外还曾兼任过交通总长、教育总长。

1904年刘冠雄因“海天”舰触礁失事，作为管带的他难辞其咎，按律当斩。时为北洋大臣的袁世凯出面保奏，力为援救，刘冠雄得以不死，因此对袁世凯极为感恩。

刘冠雄宦海沉浮多年，深知其中风波之险恶，如临深渊，如履薄冰，所以他告诫自己的儿子千万不要当官，应投身实业，自立自足。他曾对长子学坚说：“今世实业生第一要着，宦海羁身，非计之得。吾受袁项城知遇，辞不获已，责任綦重，梦寐常不自安。甚愿汝曹勿入此途，但能于实业上占一优胜，自不患无啖饭地。”儿子听了默默领受。故刘氏子孙自此绝少涉入政界、军界，而多成为科学、教育、经济方面的专业型人才。

刘冠雄于1914年回闽，同兄长刘懋勋、刘栋臣一同拜谒凤岗刘氏祖祠，并捐资倡议纂修族谱，刘氏族人于1920年修成全谱，共八十二卷，皇皇数十巨册，刘冠雄敦请时任民国大总统的徐

◎刘冠雄（左起第五位）与家人合影

世昌，还有同乡名宿陈宝琛、林纾撰写序文，借以增色，敦行孝悌，和睦宗族。这是他为凤岗刘氏家族做出的一大贡献，用心之厚，令人钦佩。

刘冠雄出身贫寒，是闽侯橘浦乡（今闽侯青口镇）人，他的父亲刘克甡（穆庵），二十三岁时迁到福州水部街，以箍桶为生，沿街挑担为人劳役。因家境贫穷，他从少年至中年经历了诸多坎坷，但他本分经营，教子以义方，训诫儿子绝不能因贫穷而走入邪道。育有五子，除四子早逝外，余四子皆送入马尾船政学堂，成就其才。长子刘敦禧、次子刘敦本是海军造舰大监，三子刘冠南是海军轮机中将，刘冠雄于兄弟中排行最小，有文采，善交际，声望也最显赫。刘克甡待诸子成名后，被奉养在家，但他仍不肯丢掉箍桶担子，遇到家庭不和睦时，他老人家便挑起担子要上街去，以此来遏止纷争。

民国初年李厚基任福建督军兼省长时，曾出资为刘氏建宗祠，宗祠建于福州鼓楼附近都司巷，规模宏大。1920年，刘冠雄由京回乡参加宗祠落成典礼，特地叫人将父亲生前所用箍桶担的桶用银朱退光法髹漆，郑重高悬于祠堂正中的大梁之上，以示不忘本，这一举动当时颇得父老乡亲的称道。

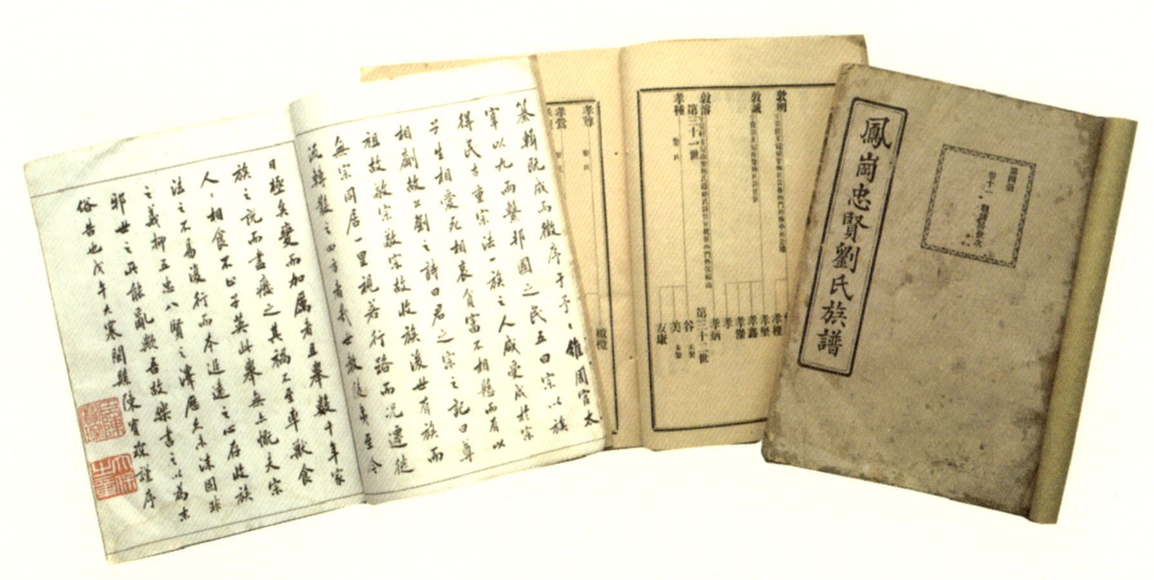

◎《凤岗忠贤刘氏族谱》书影

何振岱教子之道

子弟一离书 种种俗气皆得入之 责之深 爱之切

何振岱是闽中近世大儒，成就弟子众多。育有五男一女，皆能诗，兼及书画古琴，各有所擅长。长子敦畴业医，工诗词、古文、书画、古琴，深得父亲的真传，有《春明》《竹间》二集传世；次子知平，留法学经济出身，著有《养源室诗词》；三子敦敬，曾任福建省银行秘书，著有《心光楼诗集》；四子敦诚，工书画，曾是吴石的副官；五子敦仁，为溥心畬入室弟子，著有《静娱楼诗集》；女何曦，深受父母爱怜，为一代才女，著有《晴赏楼诗词》。何氏一门风雅，自然与何振岱的言传身教不无关系。

何振岱教子严而有方，每以子弟能读书向学为慰，一次听五儿敦仁诵《左传》，他便与儿子讲文章音韵之道，并亲自示范诵读几段，教导儿子，学文章能从声音悟入，才能够造微诣远。一见懈怠荒嬉，他便忧心忡忡，认为这是败家气象。他在日记中写道：“诸子书来，大半皆世事浮泛之语，分毫不涉学问，可知无意于书史

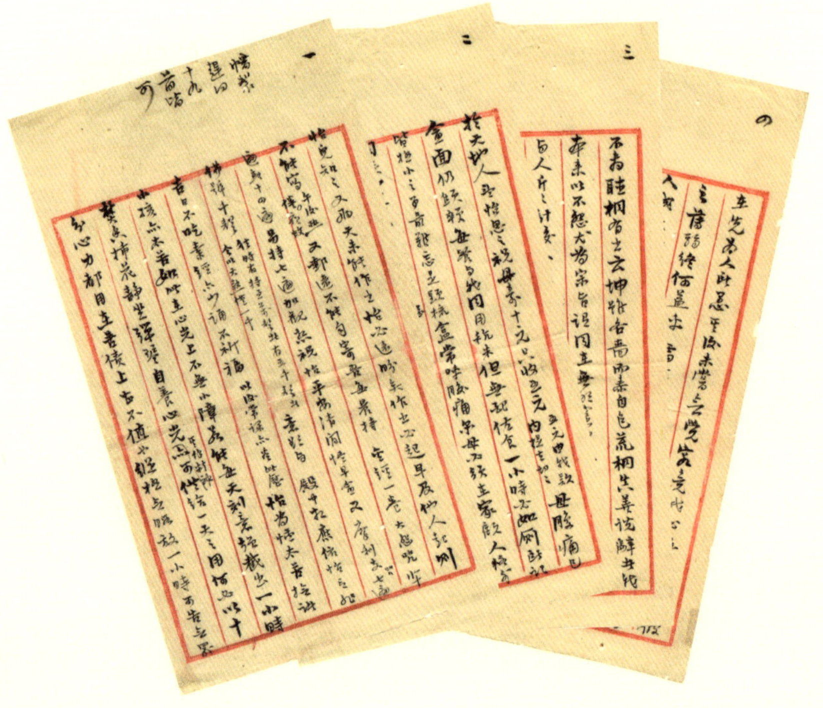

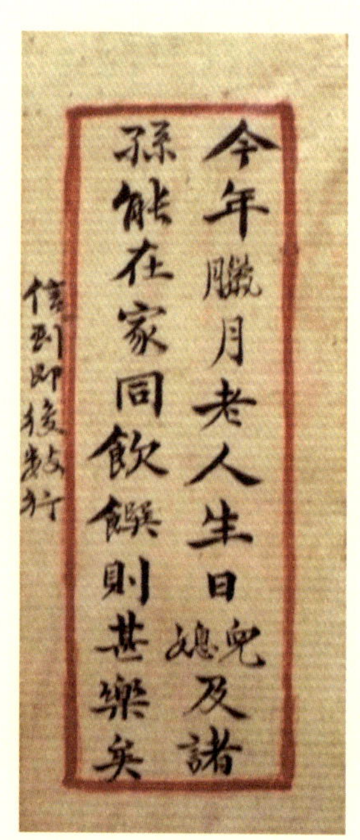

今年臘月老人生日媳兒及諸孫能在家同飲饌則甚樂矣

信到即複數行

◎何振岱家书

也。子弟一离书，种种俗气皆得入之，年愈长入愈深，此真无可如何耳。”又云：“深儿着衣太美，何以为继？儿方当为学之时，着衣如此，视外太重，是可惧也。”又云：“子女须于我课工时，就我案头，时时以所得示之，乃不虚此好日子。今多畏就我，其牵于世故为可知矣。”子不肖父，父为子忧，如此教子，看似责之深，实是爱之切，想陶渊明责子也不过如此。

何振岱朋友林大任（林则徐曾孙）来信说他善于教子，何振岱看了感觉惭愧之至，称自己实不能教子，既不能自教，又不能替儿辈择名师，认为都是自己的过失。又言：“教字不敢自称，自教学生至今，教出几人？细思之，无半个成就者，其中途多为魔魅牵去，不肯回头。我不善教，彼亦不善受教。”无不体现出作为父亲的严厉、心切之情。

何振岱教子虽严，却也是一位慈父。20世纪20年代，何振岱举家北迁，只有三儿何敦敬在福州，一次接家信，得知儿子抱恙，心便为之不舒，夜里思三儿一人在故乡，无人照顾，竟辗转不成寐。平日里，倘闻子弟有善行善言，便欣慰不已。如长子敦畴以医济人，有人送匾，谓近年举家赖其康济，何振岱听了很是高兴。一次听次儿知平说：“世乱，我心不可乱。”见子弟有此一番议论，也是嘉许之至。五儿年少好学，一次对父亲说：“笃信圣人书甚有味。”何振岱认为此子读书善思能悟，殊胜他人。

何振岱时常跟孩子说，何家“是读书之家”，“儒生风味”之类的话，训示子弟也应以读书修身为第一要义，曾书“定无后悔惟勤学，各有前因莫羡人”一联以示子孙。爱女何曦，中年因丈夫患病，膝下子女甚众，生活清苦，学业渐荒，何振岱认为如此为丈夫太苦，为诸小孩也太苦，在心光上不无小障。力劝女儿每天强抽出一小时，焚香静坐弹琴，自养心光，这样，其余的精神便可供一天之用。又劝女儿，若以十分心力都用在“苦债”上，甚不值得，大意是人生在世，苦债固然要偿还，学业修行却也是断断不可中辍的，这样方可告无罪于天地人。

◎1933年何振岱（左）与幼子何敦仁摄于北平

南后街董家祖孙刊行《闽都记》

保存乡邦文献
传家经史赖谁通

南后街董家是著名的文教世家，同治间董道行任台湾淡水厅教谕，对台湾的教育做出了贡献。其子董执谊继承父业，读书识理，更是孜孜于文化事业。

董执谊是福州近代著名的文化人，光绪丁酉科举人。他的母亲陈氏，是林则徐母舅陈兰泰的曾孙女，进士陈钦铭的胞妹。清末大儒谢章铤是他的老师，另一近世大儒何振岱则是他的同学兼同年，福建省文史研究馆首任馆长陈培锟也是他的丁酉同年。董执谊平生著述甚富，著有《榕城名胜古今考略》《闽故别录》《藕根斋存稿》《惜昔室丛钞》等。他还是藏书家，民国初年曾在南后街开设“味芸庐”书店，热衷闽省文献的搜罗与研究，他对闽都文化的贡献可分为俗与雅两大方面。

先说俗文化方面，他整理刊行《闽都别记》，为世所称道。《闽都别记》是一部两百多万字的章回体通俗小说巨著，原先只有手抄本传世，清末董执谊对此书做了一番整理，于1911年以油印方式刊行二十五套（每套四十册）；1927年他又委托福州南台建业石印社以连史纸石印再版此书六百套，风行闽中，“不十日而空，盖乡之士女，遍喜读之”。此书对于研究地方方言、民俗学、社会学、民间文学等均有重要价值，至今仍是福州市民所喜爱的一部乡土小说。

在雅文化方面，他刊行了明代王应山《闽都记》。《闽都记》是一部福州地方志书，专载福州名胜古迹，最早有万历四十年刻本，传至清道

◎《闽都记》书影

光年间时已残缺不存，道光间陈寿祺在修《福建通志》之余暇，根据传抄本及残刻本重新修订，于道光十一年（1831）由闽浙总督公署以“求放心斋”名义重新雕版刊行，但流传不广，年久传本渐稀。董执谊不惜重金辗转购得此书书版，《闽都别记》中所涉及的福州名胜及诗词，就是董执谊从《闽都记》中采录的。1930年董执谊同施景琛、陈衍、于君彦等在福州泉山发起“闽侯县名胜古迹古物保存会”。为传承保护地方文化遗产，董执谊将所珍藏的道光间求放心斋《闽都记》版片进行全面勘定补版，重新刷版刊行，保留原版扉页“求放心斋藏板”和“道光辛卯年重镌”字样，仅在书扉下方署“泉山闺秀诗龛藏板”几个小字。

董执谊一生都致力于传承和弘扬地方历史文化，随后他又联同闽中藏书家林汾贻、沈祖牟、郭白阳等，欲举诸家所藏孤抄罕本，印为《闽海丛书》，后因抗战军兴而不果。从前刊印书籍极为不易，特别是乡邦文献，无利可图，一般书贾是不愿发行此类书的，故道光版《闽都记》的重印，满足了当时闽省文化界长期以来的一个需求，也让董执谊享誉士林。

1941年福州第一次沦陷，董家为避日寇转迁外地，病重中的董执谊仍不忘将《闽都记》的书版妥善珍藏好。他于1942年病逝，董家子孙对《闽都记》书版也是珍视万分，小心保存。1956

弁言

吾閩方志而外紀述鄉里遺聞湖山勝蹟詳贍足徵者猶有明王應山廣文所纂之閩都記考古家常援及之其板爲余同年董公執誼所庋藏公諱藻翔生平不樂仕進閉門治學尤稔鄉邦掌故凡屬地方文獻靡不捜集涉覽協修郡志之餘著有榕城名勝古今考略閩故别録及藕根齋擷拾等帙因日寇兩度陷榕稿稍散佚閩都記藏板當家人避寇轉徙時仍予什襲珍藏現其孫家鄂鑒於國家珍視古籍並承先人遺志特將舊板修整印行其意可嘉用弁數言以爲推廣古典文學者倡

公元一九五六年十月福建省文史研究舘舘長陳培錕謹識

閩都記一書於閩中郡縣沿革山川形勝蒐羅廣博文辭駕賅足補郡志所未詳其板雕經道光間重鐫年久尚多殘缺先祖執誼公素研考據之學尤留心鄉事凡有益桑梓之舉每悉力以赴曾輾轉求得是書原板勘補收藏嗣因抗戰軍興家人轉徙藏板漸致剝蝕近適余兄弟多在里門服務乃就力之所及整修付印以供考古問俗之助亦藉以副國家維護地方文物及先人保存鄉賢遺著之意云爾

公元一九五六年十月中山大學歷史系中國古代史教研組主任董家遵謹識

附註　卷末附校勘表

◎1956年董氏后人重印的《闽都记》内页

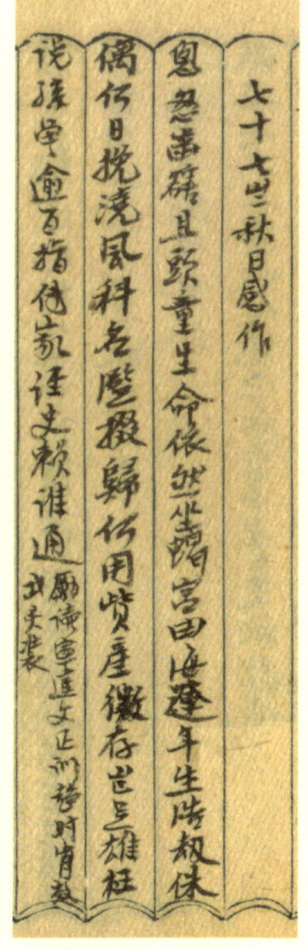

◎董执谊《七十七岁秋日感作》

年10月，董执谊的孙子董家鄂、董家遵、董珊鉴于国家对古籍的珍视，继承祖父的遗志，特将家藏《闽都记》旧版进行重新修整，于书扉页下方另镌“藕根斋藏板”五个小字，托南后街聚成堂书坊刊刷两百部，以满足各方需求。

这次重版，福建省文史研究馆馆长、董执谊的同年陈培锟先生特撰一弁言，董执谊次孙董家遵作小跋，略言刊印始末：“《闽都记》一书于闽中郡县、沿革、山川、形胜搜罗广博，文辞简赅，足补郡志所未详。其版虽经道光间重镌，年久尚多残缺。先祖执谊公，素研考据之学，尤留心乡事，凡有益桑梓之举，每悉力以赴。曾辗转求得是书原版，勘补收藏，嗣因抗战军兴，家人转徙，藏版渐致剥蚀。近适余兄弟多在里门服务，乃就力之所及，整修付印，以供考古问俗之助，亦借以副国家维护地方文献及先人保存乡贤遗著之意云尔。”

《闽都记》的重版刊行，凝聚着南后街董家几代人的心血，传承并坚守着同样的心愿和信念，董家对乡邦文献的保存与弘扬可谓不遗余力。

董执谊的长孙董家鄂（岳如），是福州有名的诗人。次孙董家遵，新中国成立前就是中山大学社会学系主任，并任中山大学图书馆馆长直至院系调整。此后改任历史系古代史教研室主任，始终淡泊名利、敬贤爱才。当年辞受国家科学院历史研究所所长之聘的陈寅恪，也乐于在董家遵主持的教研室工作。三孙董珊，是福建省文史研究馆馆员。四孙董碧辰，全家八人从教，1993年获颁福州市政府首批“教育世家”匾牌。董执谊77岁感怀诗有“枉说孙曾逾百指，传家经史赖谁通”之句，或以此来鞭策子孙。而董家曾孙辈亦人才济济，恪恭遵守先人遗训不或忘。传承保护地方文化遗产的先行者董执谊，可以含笑九泉了。

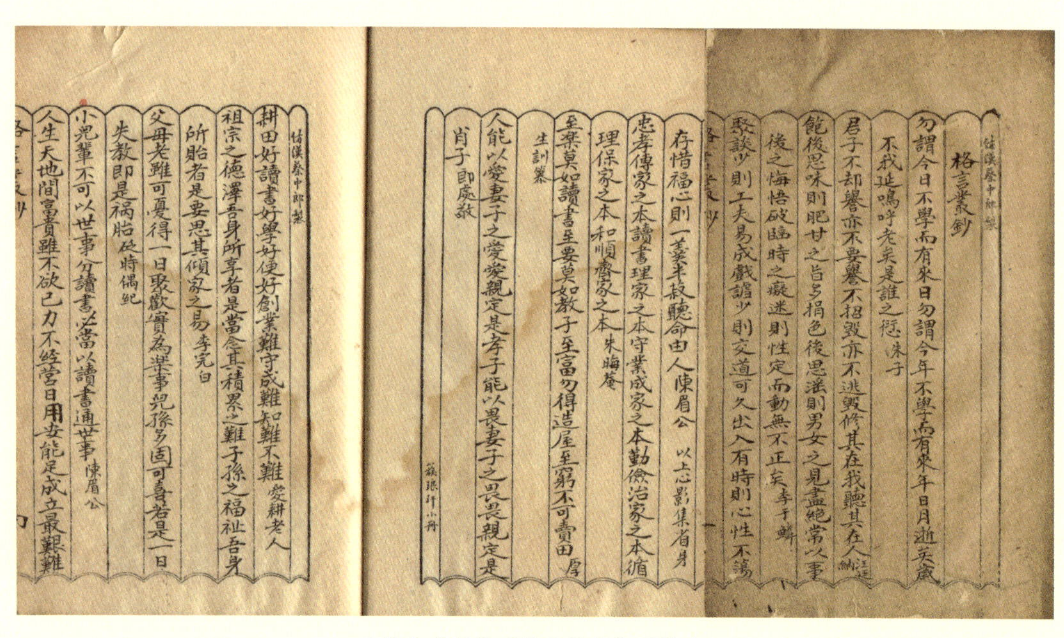
格言叢鈔
勿謂今日不學而有來日勿謂今年不學而有來年日月逝矣歲
不我延嗚呼老矣是誰之愆 朱子
君子不卻譽亦不要譽不招毀亦不逃毀修其在我聽其在人 汪廷訥
飽後思味則肥甘之旨易捐色後思淫則男女之見盡絕常以事
後之悔悟破臨時之癡迷則性定而動無不正矣 李于鱗
整談少則工夫易成戲謔少則交道可久出入有時則心性不蕩
存惜福心則一羹半菽聽命由人 陳眉公 以上心影集省身
忠孝傳家之本讀書理家之本守業成家之本勤儉治家之本循
理保家之本和順齊家之本 朱晦菴
至樂莫如讀書至要莫如教子至富勿得造屋至窮不可賣田 厚生訓纂
人能以愛妻子之愛愛親定是孝子能以畏妻子之畏畏親定是
肖子 邱處敬
耕田好讀書好學好便好創業難守成難知難不難 愛耕老人
祖宗之德澤吾身所享者是當念其積累之難子孫之福祉吾身
所貽者是要思其傾覆之易 李完白
父母老雖可憂得一日聚歡實為樂事兒孫多固可喜若是一日
失教即是禍胎 延時偶紀
小兒輩不可以世事分讀書必當以讀書通世事 陳眉公
人生天地間富貴雖不欲己力不經營日用安能足成立最艱難

◎董执谊所辑《格言丛钞》手抄本

李宣龚序《历代名人家书》

治家之道 有助于世道人心

李宣龚先生是近世文化名流，其家在光禄坊玉尺山，李氏家庙亦在乌石山之麓。少负诗名，与同里“戊戌六君子”之一林旭（暾谷）为文字骨肉交，主持商务印书馆数十年，同张元济、鲍咸昌、高梦旦被称为“商务四老”。

20世纪二三十年代，中国外患内乱频起，世事日亟，志在肥家，变节忘义之人，比比皆是，有识之士每归咎于家庭制度的束缚与没落，国既不治，家必不齐，故齐家是治国的基础。1937年商务印书馆编辑四愿斋主（任心白）辑《历代名人家书》成，是书收汉至清代名人家书共八十三人一百七十八封，自序：“所辑事事躬行体践，语语谆切周至，勖之于坚贞艰困之初，防之于骄奢淫逸之渐，家长得之足以垂贻良范，子弟效之足以变化气质，其于国难时期，宁无壤流之助？”李宣龚见之甚喜，推为有功世道人心之作，亲自题写书名，将此书交由商务印书馆，并于1937年7月出版。

此书一经面世，不胫而走，遐迩风行，1938年4月再版，到1940年已印至第四版，四愿斋主又重新增订，增辑七十余人，并益以作者小传，李宣龚重新题写书名，特撰一序，以示激励，序云：“尺牍所以叙契阔、通情感，而酬酢之作，客气未除。惟家书皆情真语挚，父兄之训诲子弟，子弟之受教于父兄者，胥赖乎是。每读先贤诸作，其于治家之道，揭然无遗。而子弟之失教者，亦知所以自箴，如亲受其父兄之训戒，其有助于世道人心，岂不大哉！自古迄今，未有裒辑散佚而成专书者。四愿斋主人曾辑录历代名人家书，流行海内，付印未久，已经四版。兹又广事访求，重行增补，并附列作者小传，论世知人，益为精审，固不待征信于鄙人之一言，而为有心名教者所共重矣。李宣龚序。”序文简洁严整，可见他对名贤家书的推崇。

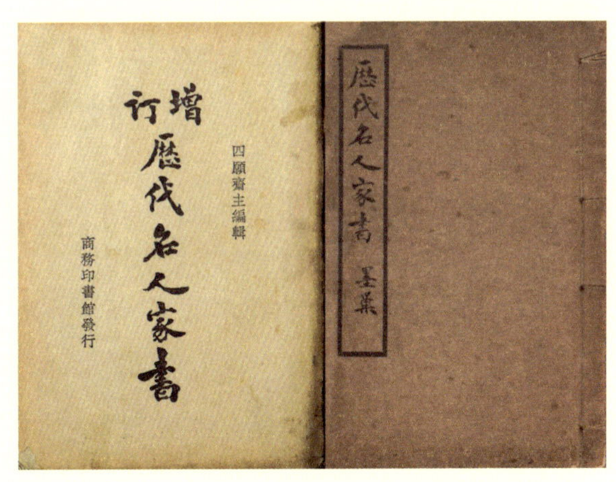

◎李宣龚两次题签《历代名人家书》

黄展云教子女二三事

种下了爱国的种子
两袖清风

黄展云是福建近代著名的启蒙思想家、革命家，加入同盟会，是孙中山先生的战友与秘书。早年同表兄林白水、堂兄黄翼云等在福州文儒坊卢家祠创办蒙学堂，倡导新学，向青年学生灌输民主主义革命思想，为革命培养了许多志士人才。

黄展云从事革命四十余年，多是离家在外奔波，在家时间很少，但他从不放松对子女的教育。常以故事的形式为孩子们讲道理，讲清廷的腐败、列强的虎视眈眈和恃强凌弱的丑恶嘴脸。教育孩子要勤奋读书，长大后把国家建设得富强起来，所以他的孩子们从小就在心灵深处种下了爱国的种子。

小女儿黄以雍高中毕业，将创作好的毕业歌词交给父亲请他修正，黄展云就在歌词中添加了“为救国而学习，若死读书而忘救国，是牛马而襟裾”一句，女儿的同班同学见后都很激动，皆立志为国效力。

一次黄以雍见书房窗纸破了一个洞，就用纸补好，正好被父亲看见，黄展云高兴地对女儿说“劳工神圣”，并耐心解释说：“人都要劳动，户枢不蠹，流水不腐。”他经常要孩子们做些力所能及的事，以便从小养成热爱劳动的习惯。黄展云上下班是由人力车接送，他体贴爱护工人，夏天中午十二点到下午三点从不叫人力车上路，对孩子们说：“工人一天跑两趟已经够辛苦了，你们不能用车出去玩，青年人应该锻炼，要多走路。”

黄展云当官多年，洁身自好，不贪污、不受贿、不赌、不嫖、不抽烟、不骂人、不讲排场，待人和蔼可亲，中年丧偶，誓不再娶，经常教育子女生活要节俭，能用的东西就不用再买新的，当官多年却没有什么积蓄，直到去世仍是两袖清风，留给子女的是一颗赤诚的爱国之心。

◎黄展云（前排）同子女合影

谢冰心回忆祖父的自勉词

知足知不足　有为有不为

冰心晚年写有一篇《祖父的自勉词》小文，回忆少年时在福州南后街故居受祖父谢銮恩言传身教的往事，言语简练，亲切有味，谢銮恩的经验之谈，足以启示后人，谨移录如下：

1912年我从山东烟台回到我的父母之乡福建福州，在我的祖父谢子修老先生身旁呆了两年多，受尽了他的疼爱和教导。

他的书桌右壁上，有一副他亲笔写的对联：

知足知不足

有为有不为

他珍重地对我说："这是我的自勉词。'知足'就是有的事情应当永远'知足'，比如物质上的衣、食、住、行等等，都不要苛求享受，而在操行、掌识等等的追求上，要永远'知不足'。'有为'呢，就是有些事情要永远努力去做，比如对人民、国家有益，能促进世界和平、人类进步的事。反之，对人民、国家、对世界和平、人类进步有害的事，都千万不能做。这是一个人对自己的起码要求，你现在才十二岁，来日方长，你要永远记住这十个字，努力去实践!"

这话说来，将近八十年了！这十个字我还是牢牢记住了，也努力去实践了。但是否都做到了，还不能由我自己来说。

◎谢銮恩像

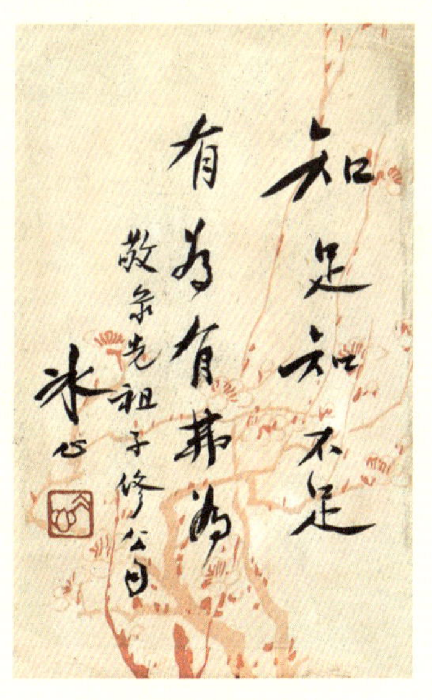

◎冰心手书祖父联句

藏书家沈祖牟临终牵挂孩子读书

让孩子多读点书 有办法的话都上大学吧

沈祖牟（1909—1947），字丹来，是沈葆桢的嫡长玄孙。宫巷沈家自沈廷枫（丹林）之后，长房长孙表字必用一“丹”字，如沈葆桢字幼丹，沈玮庆字丹孙，沈翊清字丹曾，沈觐平字丹元，至1944年沈祖牟儿子出生，即以“丹昆”为名，这是沈家几代长房长孙命名的一个传统。

沈祖牟早年就读于上海光华大学经济系，拜访过鲁迅先生，与新月派诗人徐志摩、陈梦家关系密切，发表过新诗，被人视为新月派诗人。沈祖牟具有扎实深厚的旧学功底，这主要得益于其家学渊源，他的长辈、亲友无一不是当时福州的宿儒，又师从何振岱，如果不是早逝，在学术上必有大成就。沈祖牟嗜书如命，致力于藏书事业，除了养家，薪金所得，全部都花在了买书上。他特别留意搜集福建先贤著述，辑有《耑斋丛书》，手自抄写，都是极为稀见的闽人著作。当时福州富于藏书的有董执谊、林平治、林汾贻、郭白阳、陈文涛诸人，沈祖牟与他们互通有无。就所藏而言，以沈氏为最富有，曾钤有“藏有吾乡郑氏注韩居、陈氏小琅嬛馆、杨氏冠悔

◎1947年沈祖牟夫妇与子女合影

◎沈祖牟五个子女合影

堂、谢氏赌棋山庄四家书目手稿本”白文闲章一方，可见收藏之一斑。如郁达夫、卢前都曾来宫巷看过他的藏书，故在世人眼中，沈祖牟既是诗人，又是举足轻重的藏书家。

沈祖牟胸怀广阔，爱交朋友，博学健谈，生性至孝，他酷爱诗文，因父亲早逝，深知作为长子长孙的责任，故在中学毕业后选择就读能够养家立业的经济系。刚工作时，将薪水如数交给母亲陈氏（螺江陈宝璐之女），每逢生日，必跪谢母亲的生养之恩。

沈祖牟生有四女一男，在子女看来，幼年时难以忘怀的就是宫巷家中浓浓的书香气息。只要沈祖牟在家，总要诵读诗文，抑扬顿挫的读书声，响彻屋里窗外。每年夏天沈祖牟在宫巷老宅都有一场颇为壮观的晒书之举，大厅内、院子里摆满了书，人还得守着，不时地翻动，通风晾晒。父亲爱书的风范，深深铭刻在他的子女心里。

沈祖牟重视教育，长女沈孟璎读小学时，沈祖牟亲自到中华书局为女儿买了一套三百多册的“少年丛书”，他不仅自己爱书，也教孩子学会找书看，收拾书，爱护书，这些都潜移默化影响了孩子的一生。

1947年秋，沈祖牟因严重的胃病在上海宏仁医院开刀治疗，不料手术后两天，呕吐不止，病情骤然恶化，终因抢救无效，溘然长逝。因事发突然，临终沈祖牟只再三嘱咐妻子：“让孩子多读点书，有办法的话都上大学吧。”弥留之际，关心的依然是孩子的将来，“读书”竟成沈祖牟心中最后的牵挂。

沈祖牟去世后，妻子张瑞美坚强面对，并将他的藏书全部捐献给福建省图书馆，茹苦含辛，上事婆婆，下育子女。他的五个子女后来都考上大学，接受高等教育，并在各个领域各有建树，实现了他生前的愿望。

参考文献

《古灵陈氏族谱》，旧抄本
《麟峰黄氏家谱》，（清）黄惠编，乾隆五十八年刻本
《三山叶氏祠录》，（清）叶观国等修，光绪十六年福州叶氏祠堂刻本
《濂江林氏家谱》，（清）林枝春纂修，民国三年铅印本
《曾氏家学》，曾克耑编，1971年香港印本
《古田甘氏族谱》，旧抄本复印件
《福州郭氏支谱》，（清）郭杰昌等修，光绪十八年刻本
《福州李氏支谱》，（清）李宗言修，光绪二十三年刻本
《凤岗忠贤刘氏族谱》，刘懋勋等修、刘君翰等纂，民国九年铅印本
《武林沈氏迁闽本支家谱》，沈覲清修，台湾印本
《古灵集》，（宋）陈襄著，《四库全书》本
《拙斋集》，（宋）林之奇著，《四库全书》本
《林文安公文集》，（明）林瀚著，抄本
《半洲诗集》，（明）张经著，咸丰七年凤池书院刻本
《漱石山房集》，（明）陈一元著，《四库禁毁书丛刊补编》本
《纺授堂集》，（明）曾异撰著，《四库禁毁书丛刊》本
《砚史》，（清）林在峨编，旧抄本
《松鹤山房集》，（清）陈梦雷著，《续修四库全书》本
《朴学斋诗稿》，（清）林佶著，《四库存目丛书》本
《居业堂诗稿》，（清）李馥著，江苏古籍出版社2000年版
《黄任集》，（清）黄任著，方志出版社2011年版
《簪花轩诗》，（清）郑咏谢著，旧抄本
《拾穗山房诗》，（清）林轩开著，旧抄本
《松谷府君行述》，郑鹏程等撰，道光间刻本

《楹联丛话》，（清）梁章钜著，鹭江出版社1996年版
《绿筠书屋诗钞》，（清）叶观国著，《清代诗文集汇编》本
《亦园亭全集》，（清）孟超然著，清嘉庆二十年福州陈寿祺等校刻本
《芑川先生合集》，（清）刘家谋著，道光间东洋学署刻本
《林宾日日记》，（清）林宾日著，江苏古籍出版社2000年版
《清代野史大观》，小横香室主人编，上海书店1981年版
《左海文集》，（清）陈寿祺著，道光间刻本
《疏影轩遗草》，（清）何玉瑛著，嘉庆十七年刻本
《退庵文存》，（清）梁章钜著，《清代诗文集汇编》本
《退庵随笔》，（清）梁章钜著，江苏广陵古籍刻印社1997年版
《闽川闺秀诗话》，（清）梁章钜著，《续修四库全书》本
《翰林院编修显考鉴塘府君行状》，（清）林懋勋等撰，咸丰十一年刻本
《绛雪山房诗钞》，（清）杨庆琛著，道光二十八年刻本
《补拙斋文钞》，（清）叶大焯著，旧抄本
《林则徐全集》，海峡文艺出版社2002年版
《余潜士全集》，厦门大学出版社2011年版
《抑快轩集》，高澍然著，江苏古籍出版社1998年版
《还砚斋全集》，（清）赵新著，光绪八年福州赵氏黄楼刻本
《云鹤山人诗钞》，（清）林庆铨著，同治五年刻本
《砚桂绪录》，（清）林昌彝著，同治五年刻本
《嘐嘐言》，（清）郭柏荫著，民国十八年《侯官郭氏家言汇刻》本
《侯官王壮愍公年谱》，（清）王裔云等编，1941年铅印本
《我私录》，（清）郭柏苍著，光绪十四年刻本
《沧趣楼诗文集》，陈宝琛著，上海古籍出版社2006年版
《旧德述闻》，郭则沄著，民国二十五年铅印本
《莺鸠居笔记》，手抄本
《先考恂予府君行述》，叶在琦等撰，光绪二十七年刻本
《林纾诗文选》，商务印书馆1993年版
《严复集》，中华书局1986年版
《陈石遗集》，陈衍撰，陈步编，福建人民出版社2001年版
《道真室集》，王真著，油印本

《涛园集》，沈瑜庆著，福建人民出版社2010年版
《仁寿堂集》，萨镇冰著，海峡文艺出版社2013年版
《闲居十八年剩草》，刘瀛著，民国十七年铅印本
《何振岱集》，福建人民出版社2007年版
《何振岱日记》，未刊手稿
《藕根斋稿》，董执谊著，未刊手稿
《慈竹居丛谈》，黄曾樾著，未刊稿本
《林白水文集》，福建省历史名人研究会2006年编印
《青鹤》杂志，民国间出版
《历代名人家书》，四愿斋主编，商务印书馆1940年版
《广州三月廿九日革命史》，邹鲁著，商务印书馆1939年铅印本
《吴石诗文集》，福建省文史研究馆2012年内部版
《冰心全集》，海峡文艺出版社1994年版
《郭化若文集》，军事科学出版社2004年版
《郭化若书法集》，福建美术出版社1993年版
《林徽因诗文集》，上海三联书店2006年版
《燕山夜话》，邓拓著，北京出版社1979年版
《邓拓和他的家人》，庞旸著，中国物资出版社2010年版
《闽侯县志》，欧阳英修，陈衍纂，闽侯县地方志编纂委员会1995年内部版
《三坊七巷志》，黄启权主编，海潮摄影出版社2009年版
《福州世家》，曾意丹、徐鹤苹著，福建人民出版社2002年版
《闽侯清廉人物谱》，曾江主编，福建美术出版社2006年版
《林则徐资料研究》，福州市林则徐纪念馆筹备委员会编，1962年油印本
《林则徐家传饲鹤图暨图咏集》，黄泽德编，福建人民出版社1992年版
《林则徐翰墨》，福州市政协文史资料委员会编，福建美术出版社2010年版
《林则徐书法集》，《林则徐全集》编辑委员会编，海峡文艺出版社2005年版
《林则徐传》，林崇墉著，台湾商务印书馆1976年版
《沈葆桢家书考》，沈吕宁、沈丹昆编，福建电子音像出版社2007年版
《历代名人楹联墨迹》，上海人民美术出版社1991年版
《胡思庸学术文集》，胡思庸著，河南大学出版社2013年版

后记

2015年10月，为深入学习贯彻习近平总书记提出的“注重家庭、注重家教、注重家风”讲话精神，我馆萌生纂辑三坊七巷名人家风家训的想法，并就编纂出版事宜与福建人民出版社协商。出版社领导高度重视，抽调精干力量，组织人员进行编写，我馆也予以积极配合、协助。

三坊七巷历来是人文鼎盛之区，巷里书声，蔚成风气，长者居家，必教子弟修身、齐家之道。而家训是一家之私训，多在各个家族中流传，未必都载诸族谱，有关三坊七巷名人的家风家训，能传至今日的，不是很多。本书的编写，也有四难：一是期限紧促；二是资料难求；三是点评不易；四是家风故事的编写，非娴于掌故者不办。编写同人本着不畏难、不避难的精神，迅速开展工作。资料的搜集与遴选主要由连天雄先生负责，从历代族谱、诗文集、笔记、行状、手迹、实物、期刊等各方面着手，广泛搜罗，共辑得名人60人、家训200余则。在此基础上，由肖鹏先生对家训进行注释、点评，由李厚威先生编写名人简介，由连天雄先生负责编写家风故事，三人分头同时进行，历时百日，全稿初成。随后对全稿加以增减、编校，又征集得图片百余幅，自是全书告竣，前后历时半年之久。

本书能在很短的时间内编写完成，特别要感谢主要撰稿者连天雄、肖鹏、李厚威三位先生的通力合作和辛勤劳动。主编连天雄先生治地方史多年，长于文献，精思运筹，不仅搜集选录家训原文，还多方征集图片，显示其积厚之功。肖鹏先生年少隽才，邃学能文，其点评言简意赅，为本书增色不少；李厚威先生熟于坊巷掌故，间多参订。

在本书脱稿之际，承蒙福建省文史研究馆原馆长卢美松先生欣然赐序，于本书编纂旨趣，源源道出，可谓锦上添花。

本书在出版过程中，始终得到福州市文明办、市妇联、三坊七巷保护开发有限公司等有关部门的支持与关心。曾江、董骏、沈丹昆、沈旭东、黄以注、阮章魁、杨小红诸先生提供图片资料，在此谨向他们表示诚挚的谢意。特别是南后街董家后人董骏先生携其家人，将祖上所遗四块珍贵的楠木家训屏风搬来拍摄，传述祖德，激励后学，其意也可敬可感。

但愿本书的出版，能够为优秀家风家训的传承与弘扬尽一份绵薄之力。

闻　进

（三坊七巷名人家风家训馆 馆长）